La vie amoureuse de Pierre de Ronsard

Pierre de Nolhac

Table des matières

Introduction

Pierre de Ronsard compte dans la littérature universelle parmi les grands poètes de l'amour. Cette gloire assurément ne l'eût point contenté et il en mérite, en effet, une plus large. N'est-il pas le rénovateur de la poésie française et de presque tout le lyrisme européen ? Dans sa vie même, l'amour n'a pris place qu'après l'amitié et après l'amour de son art, qui chez lui, comme chez les grands créateurs, emporte tout.

On peut cependant isoler l'amoureux dans l'écrivain et le raconter avec vraisemblance. La difficulté vient de ce que l'information tout entière se tire d'une œuvre lyrique. Quand un poète transpose ses confidences en œuvre d'art, il n'est pas tenu d'être sincère. Son métier justifie, ou même exige des altérations. Il impose alors à l'historien une tâche décevante. Au moins faut-il que l'interprétation psychologique se vérifie sans cesse par la critique du témoignage, l'étude des premières éditions, la connaissance exacte des milieux.

Ai-je besoin de dire que, si j'ai interrogé surtout Ronsard lui-même, je n'ai rien voulu ignorer de ce qu'ont écrit ses biographes ? Je ne pouvais citer leurs livres, non plus que les miens, dans un petit ouvrage déjà surchargé des textes du poète. Les « ronsardisants » avertis reconnaîtront aisément pour chaque page les sources qui l'autorisent.

Et, si parfois manque à ces récits la précision qu'on peut atteindre pour des temps moins éloignés de nous, ce défaut sera compensé par la qualité des documents, où passent çà et là quelques-uns des plus beaux vers de notre langue.

I. – Cassandre Salviati

C'est un beau printemps des bords de Loire.

Pour récréer la duchesse d'Étampes et Madame la dauphine Catherine, le Roi François Ier mène la cour en ses plus belles maisons. Il a quitté Romorantin pour Blois et, dès le jour de l'arrivée, la noblesse de la ville et des environs est conviée au château. Le Valois vieillissant aime la musique, la jeunesse, les danses. Dans la grand-salle aux poutrelles peintes, violes et luths sont accordés ; la cour s'est assise en cercle et « cent demoiselles », des meilleures maisons, nouent et dénouent dans le rond les figures d'un ballet. Debout derrière les dames, les pages les contemplent de tous leurs yeux.

Fête d'usage, qui ressemble à tant d'autres, réunion de vanité et de galanterie, où peut commencer l'anecdote tragique à la Brantôme aussi bien que la banale aventure ; fête merveilleuse ce soir-là, et digne d'être rêvée, car un grand amour de poète y naît d'un regard.

Dans le groupe des écuyers, tous gaillards et dispos gentilshommes, un cadet de vingt ans a vu se lever, du milieu des jeunes filles, une enfant brune et rieuse. Elle chante, le luth sous les doigts, un branle de Bourgogne. C'est une de ces vieilles chansons qui expriment dans nos provinces les sentiments délicats du peuple de France ; la fraîche voix « découpe doucement » la mélodie, tantôt par un sourire, tantôt par une plainte légère. Ce doux timbre, ces gestes menus, ces beaux yeux sombres sous les longs cils, ce visage encadré de boucles aux reflets d'or, « front de rose, gorge de lait, teint de neige », tout s'accorde à la candeur d'une jeunesse divine… Ainsi fut pris, pour la première fois, le cœur de Pierre de Ronsard.

Elle avait quinze ans, et se nommait Cassandre

Salviati. Le jeune homme sut bientôt d'où venait cette beauté inattendue, qui la distinguait de ses compagnes de Blésois et de Touraine. Elle n'était française qu'à demi. Le père appartenait à une illustre famille florentine, alliée aux Médicis, qui avait donné au Lys rouge douze gonfaloniers, et trois cardinaux à l'Église romaine. Sous le feu Roi, Bernardo Salviati était venu en France pour faire, comme tant d'autres de ses compatriotes, le commerce de l'argent. Il y avait pris femme, élevé deux fils et deux filles, et sa fortune avait prospéré puisqu'il fut des premiers banquiers qui aidèrent le Roi François à son retour de captivité.

En son château seigneurial de Talcy, qui existe encore proche de Blois, avait grandi la jolie Cassandre. La jeune fille, mêlant dans ses veines le sang de deux races, laissait l'imagination d'un poète vendômois errer vers cette Florence d'où vint Pétrarque, et chanter en lui le parler toscan, que ses lèvres d'enfant avaient balbutié en même temps que le latin de Virgile.

La rencontre de Blois est du 21 avril 1545. Ronsard approcha-t-il Cassandre dès ce premier jour ? Sut-il user d'une alliance de famille, qui la faisait, par leurs mères, sa parente à un degré lointain ? Fut-il introduit à Talcy par son cousin germain Jacques de Cintré, dont le château avoisinait celui des Salviati ? Les faits sont livrés ici à la conjecture, et les sentiments eux-mêmes doivent être devinés.

Les deux jeunes gens, du moins, vinrent à parler ; le poète l'a dit assez clairement, des années plus tard, dans les vers qui rappelèrent à la maturité d'une belle Cassandre « la grâce enfantine » qui fut son sortilège :

Toujours me souvenait de cette heure première,
Où jeune je perdis mes yeux en ta lumière,
Et des propos qu'un soir nous eûmes devisant...

Des paroles gracieuses et diverses s'échangèrent entre le jeune homme et l'adolescente. Est-il difficile de les supposer ? Tel qu'on connaît le futur poète, que sa vie de page voyageur n'a point détaché des tableaux de son enfance, on est sûr qu'il a entretenu la jeune fille de son pays natal tant chéri. Il en a décrit la forêt immense, Gastine « aux ombrages verts », qui a si souvent absorbé sa rêverie lorsqu'il guettait dans les taillis l'apparition des sylvains et des nymphes amoureuses ; il a dit, sans doute, les grottes des bords du Loir, et la fontaine Bellerie, dont il adorait la naïade, et le chant des bergers écoutés au long du jour, en ces grasses prairies où les « fantastiques fées » venaient danser pour lui seul sous les voiles du soir.

Devant l'enfant émerveillée d'un discours si rare, sa pensée à lui envisage la vie qu'il aimerait mener dans ce Vendômois heureux. Comme il quitterait volontiers, pour y habiter, les puissants maîtres qu'il a servis, les cours qu'il a dû suivre en Dauphiné, en Écosse, en Flandre, et tous ces palais « aux soliveaux dorés », qui n'abritent point le bonheur ! Il voudrait vieillir chez les siens, auprès d'une femme qui aurait ses goûts simples et un pareil amour de la vie champêtre. Et précisément Cassandre, à qui est promise cette existence, rêve du même « ermitage », aime à cueillir les mêmes fleurs des champs, s'intéresse comme lui aux bons paysans de son village, souhaite comme lui « gagner les cœurs de la troupe rustique. »

Devis innocents où se jouent la déclaration voilée de l'amoureux timide et la réponse malicieuse qui l'invite à croire qu'il est compris. Plus tard, dans cette causerie d'enfants, il voudra se rappeler une sorte d'engagement que Cassandre n'aurait pas tenu :

N'avais-tu pas promis qu'alors que les saisons
Feraient nos fronts ridés et nos cheveux grisons,
Qu'éloignés du vulgaire irions par les vallées,
Par les monts, par les bois, par les eaux reculées,
Herbes, plantes et fleurs et racines cueillir ?...

Ces « propos d'un soir » n'empêchèrent point la fille de Salviati de se marier l'année suivante. Ils eurent pour elle l'attrait d'une heure, alors qu'ils allaient être pour Pierre le rêve de toute la vie.

C'est un bon viatique pour un écolier que la mémoire d'une telle rencontre. L'écuyer de la cour rentrait à Paris, sollicité par les devoirs intellectuels qu'il s'était imposés, et par une passion assez forte pour atténuer toutes les autres, celles des Muses. Mais il emportait en lui une image délicieuse, rayonnante et toute pure, qui apparaissait à sa volonté dans le secret de son cœur, pour le sauver des entraînements du vice et du mépris de l'amour, en même temps qu'elle donnait tout leur sens à la lecture des poètes et à ses propres inspirations. Chacun de ses amis sans doute croyait posséder, également belle et parfaite, la dame de ses pensées ; seule pourtant son aventure fut incomparable, parce qu'il était d'eux tous le plus grand.

L'Université de Paris, la montagne Sainte-Geneviève, la maison studieuse où Jean Dorat enseigne les humanités au fils de l'ambassadeur Baïf, le collège de Coqueret, où ce maître sans rival enflamme pour le grec d'autres disciples, ces lieux sacrés de l'étude et du travail dédiés aux Muses helléniques, Ronsard les a célébrés dans un enthousiasme si fervent qu'on y doit chercher les plus fortes impressions de sa vie. Cinq années de recueillement et d'acharné labeur sont acceptées par lui avec allégresse pour son noviciat de poète. Aucune profonde joie intellectuelle ne s'acquiert sans un dur effort ; en recueillant les fruits du sien, c'est nous aussi qu'il récompense.

Pour la première fois, l'Antiquité complètement révélée vivifie les intelligences françaises ; et cette révélation illumine l'âme d'un poète de génie, qui rêve d'en tirer la rénovation de la poésie. C'est, pendant toute une carrière, l'ouvrage où s'absorbe sa pensée et qu'il a la gloire de réussir.

L'ambition des jeunes lettrés qui d'abord le suivent,

est de créer pour la France des œuvres égales en beauté à celles des Anciens, qu'il s'agit de comprendre, d'imiter, de transposer en notre langue « encore dans l'enfance », en luttant sans relâche contre « l'ignorance du vulgaire ». Le public est toujours lent à se détacher des vieilles habitudes d'un art périmé : il faut, pour l'y forcer, la foi de la jeunesse et son goût de la bataille. Ces vaillants combats à coups de beaux livres, ces généreuses amitiés de la « Brigade », sont toute l'histoire de ce printemps de notre lyrisme, dont la floraison fut si féconde que nous en goûtons encore, après quatre siècles, les fruits savoureux.

Dès le recueil *Odes* de 1550, qui fit Ronsard chef d'école, et bientôt de la seule école, les poètes voient apparaître et saluent comme un symbole le nom singulier de Cassandre. Chacun d'eux est muni de sa maîtresse littéraire : Du Bellay célèbre son Olive, Baïf sa Francine, Olivier de Magny sa Castianire, Tahureau son Admirée, et le bon Pontus de Tyard, qui est d'église, chante aussi sa platonicienne Pasithée. Ce sont les noms de fantaisie, choisis par des pédants pleins de gentillesse, pour de froides amours de tête ou pour de chaudes gaillardises. On les adopte surtout par commodité poétique ou pour raisons de rime et de sonorité. Pierre n'agit pas autrement que ses amis, mais le très noble vocable, qu'il a l'air d'emprunter à l'antiquité et de tenir d'Homère lui-même, cache un secret qui n'est qu'à lui seul.

Il l'oublie à ses heures de débauche, quand il « cauponise » avec les amis aux tavernes « inclytes » de l'Université. Comment mener le cher visage aux beuveries de la Pomme-de-Pin ? Comment évoquer les atours de la petite châtelaine entre la jupe sale de Cathau la rousse et les cottes rouges de Margot ? Mais aux parties de campagne de la Brigade, aux repas « folastrissimes » sur le gazon d'Arcueil, parmi les bouteilles vidées en l'honneur des dames, quand chaque rimeur jette au vent le nom poétique de son « aimée »,

le chef fait acclamer par la compagnie celui de tous qui
sonne le mieux :

Neuf fois, au nom de Cassandre,
　　Je vais prendre
Neuf fois du vin du flacon,
Afin de neuf fois le boire
　　En mémoire
Des neuf lettres de son nom !

Cependant, en ces premiers essais de sa verve
lyrique, comme la confidence est confuse ! Des
odelettes souvent fort libres, adressées à une Cassandre
fictive, chantant le goût de ses baisers et l'attente de ses
caresses, ne sont que des imitations d'Horace et de
Catulle, ou de l'aimable Jean Second, qui les fit revivre
tous deux en ces temps nouveaux. Elles attestent la
virtuosité d'un humaniste qui se souvient d'avoir écrit
en latin ses premiers vers et n'a pas la moindre
intention d'essayer cette poésie que nous appelons
« personnelle ». Quelque gracieuse chanson, composée
pour les musiciens, met déjà sur les lèvres des femmes
le nom de Cassandre : ce nom ne peut rien révéler à
personne. Qui s'aviserait de songer à une jeune beauté
du pays de Blois, connue du poète ? Lui-même se
permettrait-il tant d'indiscrétions érotiques si ce
rapprochement était possible ? Il lui suffit de bercer son
imagination avec les prestiges d'un souvenir.

Tout change avec le second recueil, celui des
Amours. Ne nous y trompons pas cependant : c'est
encore et avant tout de la littérature, parce que Ronsard,
dès ses débuts, est avant tout un grand homme de
lettres. Laissons s'en offenser peut-être de tendres
cœurs féminins ; nous, ses fils et ses disciples, devons
l'en honorer davantage. Sachons admirer dans les
Amours comment un tel initiateur discipline ses
sentiments et subordonne à son art les émotions,
pourtant sincères, d'une vie profonde.

Le jeune maître s'étant assigné la mission de

rénover la poésie tout entière, le moment est venu pour lui de servir la Muse amoureuse. Il s'agit maintenant de s'inspirer de Pétrarque, de Bembo et des autres glorieux modèles d'Italie, afin de transporter chez nous le plus beau de leurs sonnets et de leurs *canzones*. Mais n'ont-ils pas (au moins le plus grand d'entre eux) interprété des sentiments vrais, interrogé des âmes vivantes, narré leurs peines et leurs joies, utilisé de réels épisodes pour construire ces nobles récits lyriques, où les amoureux de tous pays retrouvent à jamais leur propre aventure ? Ronsard, à son tour, possède un trésor dans lequel il pourra comme eux librement puiser.

La Cassandre fictive va céder la place à celle que la destinée à mise jadis sur son chemin d'écolier. Ses sonnets seront l'hommage d'une dévotion fidèle. Sous des allégories convenues, parmi les réminiscences mythologiques dont un esprit enivré d'érudition ne peut se déprendre, c'est un cœur d'homme qui va palpiter, c'est une énigme de réalité qui s'offrira au déchiffrement du lecteur, et ce sera l'histoire magnifique d'un grand amour.

Pierre de Ronsard a revu Cassandre Salviati. Il est revenu en son Vendômois aussi souvent qu'il en a eu le loisir, et c'est là que lui est apparue, déjà tout autre et cependant la même, la réalité du rêve ancien. Elle respire, sa « déesse » ; elle a un rôle dans le monde, cette « angelette », qui semblait venue du ciel pour en montrer les grâces sur la terre. Elle est aujourd'hui mariée, jeune mère et châtelaine, aux bords d'une rivière qui est aussi celle du poète. C'est dans son propre pays, à quelques lieues de la maison paternelle des Ronsard, habitée par le ménage de son frère aîné, qu'il retrouve l'exquise enfant, un soir entrevue et jamais oubliée.

Bien qu'il fût cadet de famille et dénué de toute fortune, le dernier fils de Louis de Ronsard, maître d'hôtel du Roi, aurait pu, s'il eût vécu dans son pays, devenir par la protection du dieu Amour le gendre du riche banquier florentin. Mais celui-ci a donné sa fille, à seize ans, à un gentilhomme mieux pourvu, Jean de Peigné, dont la terre de Pray est située non loin du Loir, en amont de Vendôme. Ils y mènent une existence de seigneurs modestes, vivant sur des terres bien cultivées, signant au baptême des enfants de leurs villageois et faisant autour d'eux œuvre bienfaisante. C'est le rêve d'autrefois de Pierre, que Cassandre a réalisé sans lui, et peut-être ignore-t-elle encore qu'elle vit parmi des bois, des collines et des fontaines qu'un poète déjà fameux vient d'immortaliser dès ses premiers vers.

Ils se rejoignent, alors que leurs destins sont fixés. L'écrivain paraît au château de Pray ; il voit, au moins une fois, Cassandre en visite à la Possonnière des Ronsard. Pour des êtres vulgaires, de ce voisinage pourrait sortir un dénouement prévu, et la Cassandre des *Odes* y serait toute préparée. La vraie, au contraire, est la plus paisible des épouses. Pierre, de son côté, a l'imagination de flamme, celle qui se satisfait mieux encore du souvenir que de la présence. Il s'ensuit que, ces amours retrouvées, il aime autant les chanter que les vivre. Son exaltation, qui est réelle, s'apaisera par l'intervention bienfaisante des Muses.

Que sa passion fût sans espoir, il l'a su dès le premier jour, et pour la transposer dans son œuvre de poète, il était même nécessaire qu'il la connût telle. Le Dieu qui veille sur notre poésie a bien arrangé les événements. Cassandre, mariée, est dans les conditions les meilleures pour être l'objet des chants nouveaux qu'attend la France.

Pétrarque, qui va les inspirer, n'a-t-il pas confié la gloire de ses vers à une belle dame noble d'Avignon, vertueuse personne et mère de famille honorée ? Tous les maîtres du « doux style » italien n'ont-ils pas servi de pareilles dames ? C'est la tradition plus ancienne, et qui vient des troubadours comme des trouvères, de chanter, avec les élans de la passion amoureuse, beautés et vertus d'une femme élue entre mille et de qui le poète le plus épris n'attend rien, que les émotions du rêve et quelquefois l'aumône de la renommée. « L'amour courtois », comme on le nomme, puisque c'est celui que les habitudes des cours ont consacré, n'a rien à voir avec les tumultes de la chair. C'est la divinisation de la femme, telle que le moyen âge a su la concevoir, et qui a trouvé dans le culte de la Vierge Marie son point de sublimité suprême.

Le maître si humain de Vaucluse a ramené sur la terre cet amour qui tend vers les cieux. Laure est une femme trop vivante et lui-même avoue trop de faiblesse pour ne pas annoncer déjà les formes nouvelles du sentiment. La lecture des Anciens y inclinera de plus en plus le jeu des poètes. Mais, au temps de Ronsard, « l'amour courtois » reste encore si présent aux esprits, et le platonisme renaissant s'y accorde de façon si étroite, qu'une femme, quelque situation qu'elle occupe dans le monde, peut sans scrupule en accepter les hommages. L'ardeur de son serviteur lyrique, l'excès des louanges qu'il prodigue, l'expression même d'un désir voilé, ne sauraient donner ombrage à une pudeur avertie. Quant au mari, s'il ne rend point grâces, c'est qu'il a méchant caractère.

Ce nouveau *Canzoniere* de France, qui deviendra un modèle à son tour, c'est en Vendômois, n'en doutons nullement, qu'il a été, sinon composé, au moins conçu et préparé dans l'esprit du poète. Les thèmes en sont éclos sous le pur regard de Cassandre. Elle en a connu certaines pages et chanté sans doute, dans la maison conjugale, plus d'une chanson faite à sa gloire. Elle aimait assez la musique pour goûter celle dont Costeley a revêtu les jolies strophes : « Mignonne, allons voir sir la rose... » C'est elle encore qui a inspiré l'ode émouvante :

Quand je suis vingt ou trente mois
Sans retourner en Vendômois,
Plein de pensées vagabondes...

Prêter à Cassandre des goûts de femme lettrée, assez fréquents au reste chez ses contemporaines, ce n'est point supposer en l'air. Ronsard nous dit lui-même qu'elle connaissait fort bien ses sonnets, et se loue de servir

> Une dame si belle,
> Qui lit mes vers, qui en fait jugement.

C'est dans la forêt de Gastine qu'il en écrivit quelques-uns :

> Sainte Gastine, ô douce secrétaire
> De mes ennuis…

ou pendant ses promenades le long du Loir, de la Braye, de la Neuffaune, où il se plaît à des courses interminables, seul avec l'image aimée et contant sa peine, comme Pétrarque auprès de la Sorgue, aux flots, aux arbres et aux rochers.

Son petit pays est plein de Cassandre, car elle y vient quelquefois et ses brises atteignent sa demeure ; lui-même le parcourt sans cesse pour s'approcher d'elle. Comme tous les amants, il passe et repasse, « fantastique et rêvant », « devant l'huis » de sa maîtresse ; il lui en demande pardon humblement :

> C'est pour embler (voler) un trait de votre vue.

Tout ce qu'il voit d'elle, toutes ses attitudes, ses grâces familières, il les note, il en fait des motifs charmants. Il sait à quelle heure elle va dans les prés, cherchant à l'aventure, ses beaux yeux fixés à terre,

> Le bel émail de l'herbe nouvelle.

Que de fois l'a-t-il vue marchant pensive « à part soi », dans son jardin de Pray,

> Faire un bouquet de fleurettes de choix !

que de fois lui a-t-il lui-même offert une rose dans un sonnet ou fait porter des gerbes choisies :

> Je vous envoie un bouquet que ma main
> Vient de tirer de ces fleurs épanies…

Elle est accompagnée dans ses courses par un petit chien, ce « petit barbet » favori qui la garde jalousement et dont l'humeur hargneuse ne fait point d'exception pour le poète :

> Ce petit chien qui ma maîtresse suit
> Et qui, jappant, ne reconnaît personne…

Il est entré chez elle. Le château qu'elle habite est une riche maison, avec ses buffets chargés de vaisselle d'or et ses chambres tendues

> De broderie en fils d'or enlassés.

C'est un décor digne de la beauté de Cassandre, et qui pare à son tour cette beauté. Il sait qu'elle apporte à sa coiffure des soins particuliers : le nœud de rubis, les deux tresses brunes semées de perles, l'ondulation des boucles ou les frisons à l'infini, elle a « cent façons » de se parer ; et c'est pour ressembler à Vénus qu'elle a « ses cheveux troussés dessus l'oreille ». Elle use d'une forme de bonnet qui « adonise » sa tête, ne laissant savoir « si elle est fille ou garçon », et qui prouve assez sa coquetterie.

Un jour qu'il l'admire de plus près, elle lui fait, de ses cheveux « aux tresses noircissant », le petit présent qui allège l'ennui de l'absence. La couleur de ces cheveux s'accorde aux « yeux bruns » de sa dame, et s'il lui arrive, dans ses textes de jeunesse, de les dire « blonds » ou « dorés », ou « d'or filé », on peut voir en ces formules convenues une concession toute littéraire de débutant à un type de beauté consacré par la poésie.

A-t-il surpris la jeune femme à sa toilette, comme il le prétend, ou à son bain dans le Loir, pour répéter un poème de Pétrarque ? Il est certain qu'il l'a contemplée maintes fois sur sa terrasse, brodant, rêvant, faisant un peu de musique, à l'heure d'été où la chaleur tombe :

> Au soir, à l'huis, il la voit qu'elle égale
> La soie à l'or d'un pouce ingénieux,
> Puis de ses doigts qui les roses effacent
> Toucher son luth, et d'un tour de ses yeux
> Piller les cœurs de mille hommes qui passent.

Il sait aussi que Cassandre aime le chant des oiseaux, comme elle aime la splendeur des beaux bouquets et toutes les richesses de la nature :

> Et cette pierre où, quand le chaud s'enfuit,
> Seule, à part soi pensive, s'arraisonne…
> Et cet oiseau qui ses plaintes résonne,
> Au mois d'avril soupirant toute nuit.

Quel trait de caractère apparaît le plus marqué dans ces révélations fugitives, qu'il faut découvrir parmi les pages de pur lyrisme ? Un trait que nous ne sommes pas habitués à joindre dans notre pensée aux images féminines de la Renaissance : Cassandre est méditative, et le recueillement de sa vie intérieure s'entoure de mélancolie. Le poète s'en étonne, lui qui l'a vue autrefois toute à la gaité de l'adolescence, et souvent encore l'admire avec enivrement dans l'animation des réunions mondaines :

> J'ai vos beautés, vos grâces et vos yeux
> Gravés en moi, les places et les lieux
> Où je vous vis danser, parler et rire.

La vraie Cassandre est pourtant celle qu'on devine écoutant, dans les nuits de printemps, la plainte sans fin du rossignol, et de qui la rêverie, à toute heure, si longtemps se prolonge que le poète, ému, intimidé, n'ose se risquer à l'interrompre :

> Quand je te vois seule assise à part toi,
> Toute amusée avecque ta pensée,
> Un peu la tête en contre-bas baissée,
> Te retirant du vulgaire et de moi,
> Je veux souvent, pour rompre mon émoi,
> Te saluer, mais ma voix offensée
> De trop de peur, se retient amassée
> Dedans la bouche et me laisse tout coi…

Il va s'exalter alors librement dans ses bois familiers, ses bois où il emporte l'image que son ami Denisot a faite de Cassandre ; il choisit naturellement le lieu le plus sauvage et le plus désert :

> Là renversé dessus la terre dure,
> Hors de mon sein je tire une peinture,
> De tous mes maux le seul allègement,
> Dont les beautés par Denisot encloses
> Me font sentir mille métamorphoses
> Tout en un coup d'un regard seulement.

Ronsard quitta brusquement le Vendômois, sans revoir celle qui le troublait de telle sorte. Il laissait à ses « tristes vers », et aussi aux vents, aux sources, aux forêts, le soin de lui redire son amour, cet amour grandi dans la nature et lié à jamais pour lui à la mémoire de son pays bien-aimé :

> Puisqu'au partir, rongé de soin et d'ire,
> À ce bel œil adieu je n'ai su dire
> Qui près et loin me retient en émoi,
> Je vous supplie, ciel, air, vents, monts et plaines,
> Taillis, forêts, rivages et fontaines,
> Antres, prés, fleurs, dites-le-lui pour moi !

C'est seulement ainsi qu'un poète peut chercher Cassandre aux vers de son poète. Cette évocation doit exclure certains sonnets, d'un ton différent, placés sous son nom pour arranger des recueils, par caprice d'auteur et médiocre délicatesse. Négligeons aussi les petits vers badins où Anacréon a passé, qui prétendent fournir au peintre Janet les renseignements les plus complets, et d'ailleurs les plus vagues, pour peindre au naturel le portrait de la dame. Toute cette beauté, uniquement faite de perfections convenues, nous instruit moins que l'aveu furtif glissé, presque sans y penser, dans un sonnet plein de vraie tendresse.

Ronsard a possédé, il est vrai, une image dessinée ou peinte de Cassandre. Il y avait droit assurément, puisque Laure avait accepté que Simone Martini la représentât pour Pétrarque, et Nicolas Denisot eût mérité un sonnet pareil à celui qui honora en telle occasion le peintre siennois.

Mais l'artiste manceau vit-il jamais le modèle ? Il est probable qu'il dut se contenter des indications du poète, et son œuvre, que l'on croit retrouver dans une gravure connue, montre du moins comment celui-ci revoyait dans son imagination l'inspiratrice du premier livre des *Amours*. C'est une fière tête aux cheveux à demi-tressés, avec un fil de perle sur le front, et les seins nus d'une Diane chasseresse des plafonds de Fontainebleau. Lorsque la femme de Jean de Peigné rencontra ce portrait idéal aux frontispices de l'édition de 1552, elle ne se reconnut pas davantage que dans l'œuvre ardente et mystérieuse qui la célébrait.

Le poète, cependant, courait à d'autres amours. Il y aura dans sa vie Marie la villageoise, Genèvre, la bonne fille de Paris, la hautaine Isabeau de Limeuil, et cette grande dame qu'il chantera sous le nom d'Astrée, et celles qu'il aura sans les chanter. En aimera-t-il vraiment d'autres que Cassandre ? On peut en douter, quand on lit ses recueils avec attention et qu'on s'avise de les comparer. Peut-être n'y a-t-il place, en certaines vies lyriques, que pour un seul amour parmi tant d'amoureuses.

Aucune des femmes qu'a célébrées le Vendômois n'a pu se vanter de lui avoir inspiré de confidence aussi pénétrante que celle qu'il envoyait à Cassandre, revue une fois encore après vingt années. Elle put l'accepter sans scrupule, tant le sentiment s'y montre fidèle et apaisé :

> L'absence ni l'oubli, ni la course du jour,
> N'ont effacé le nom, les grâces, ni l'amour,
> Qu'au cœur je m'imprimai dès ma jeunesse tendre,
> Fait nouveau serviteur de toi, belle Cassandre,
> Cassandre qui me fus plus chère que mes yeux,
> Que mon sang, que ma vie, et que seule en tous lieux
> Pour sujet éternel ma Muse avait choisie
> Afin de te chanter par longue poésie …
> En la même saison je t'ai revue encore :
> Fasse Amour que l'Avril où je fus amoureux
> Me fasse aussi content que l'autre malheureux !

La dame de Pray avait suivi de loin l'ascension du poète. Sans doute lui accorda-t-elle quelques visites, quand il habita, à mainte reprise, ses prieurés vendômois. Elle était veuve alors, et il n'est pas impossible que Ronsard ait écrit, pour celle qui vieillissait non loin de lui, un sonnet sur son âge dont le réalisme nous choque par son âpreté, bien que les premiers vers rendent un son charmant :

> Vous êtes déjà vieille et je le suis aussi ;
> Joignons notre vieillesse et l'accolons ensemble,
> Et faisons d'un hiver qui de froidure tremble
> Autant que nous pouvons un printemps adouci…

Cassandre survécut vingt ans à Ronsard. On sait que la fin de sa vie fut triste : la maladie l'affligeait, ses enfants étaient morts, et sa terre, en 1595, fut saisie « pour défaut d'hommage ». Elle s'éteignit sous Henri IV, en 1605, à l'âge de soixante-quinze ans. La gloire de son poète était intacte ; elle pouvait encore, aux yeux de la jeunesse d'alors, en tirer pour elle quelques rayons.

Elle avait marié sa fille, une seconde Cassandre, à Guillaume de Musset, seigneur de Lude, l'ancêtre direct du poète Alfred, de qui elle se trouve, elle-même, l'arrière-grand-mère. Un autre grand poète de son temps brûla d'amour pour une de ses nièces et la chanta en vers passionnés : ce fut Agrippa d'Aubigné, qui tenta vainement d'obtenir la main d'une capricieuse Diane, fille de Jean Salviati, frère de Cassandre. On dit que la jeune fille mourut de chagrin et du remords d'avoir retiré sa parole. Les plus belles histoires amoureuses du siècle illuminent le nom de cette famille prédestinée.

II. – Marie l'Angevine

Au printemps de l'an 1560, Ronsard avait le plaisir d'amener chez son frère, au manoir de famille de la Possonnière, le plus ancien ami de sa jeunesse, Jean-Antoine de Baïf, confident de ses premiers vers. Un matin d'avril, les deux jeunes hommes quittaient la gentilhommière et allaient dîner au château de Beaumont-la-Ronce, où le cousin Philippe de Ronsard les festoya. Ils firent la couchée au gué de Lengerie, et en partirent dès l'aurore afin d'atteindre la Loire au milieu du jour.

Le printemps enivrait la Touraine. Ronsard, né et nourri dans la vie champêtre, expliquait à son compagnon citadin les douces merveilles de la saison. Il n'était pas un arbre, pas une plante qu'il ne pût nommer, et tous les oiseaux étaient ses amis, jusqu'à la mouette de Loire et au martinet aux ailes bleues, dont la présence annonça bientôt l'approche de la rivière.

Ils l'aperçurent de la colline, avec son large cours coupé d'îles touffues et, sur la gauche, la ville de Tours haussant par-dessus les murailles ses nefs et ses clochers. Ils descendirent sur la rive et le batelier les passa dans l'île Saint-Côme, où se donnent les fêtes du pays. Autour du prieuré, bois et prairies étaient pleins de danses et de jeux. C'était une de ces grandes noces de campagne, qui ramassent la parenté de vingt lieues à la ronde et mettent en joie la jeunesse de plusieurs cantons. Nos voyageurs s'y mêlèrent aussitôt, cherchant les dames.

S'ils arrivaient d'aussi loin, c'est qu'ils étaient conduits par l'amour, ou plutôt par le souvenir amoureux.

Chacun, sans peine, découvrit sa belle. Baïf voulait revoir la jolie Francine, aimée à Poitiers lorsqu'il y était étudiant, et Ronsard venait pour Marion l'Angevine, qui était cousine de la mariée et qu'il n'avait pas vue depuis des années. La rencontre manqua d'entrain, ces filles d'abord faisant les fières ; mais la danse les adoucit quelque peu. Elles avaient passé vingt ans et pouvaient, le long des saules, écouter mille folies. Les poètes en sont prodigues et savent dire aux demoiselles de village, en un langage qu'elles ne parlent point, des choses qu'elles entendent à merveille.

Ronsard en eut si long à conter que le soir vint avant la fin. Mais une mère veillait à brusquer le départ. Tandis qu'il s'attardait à quelque tablée à regarder Francine se moquer de son soupirant, les gens d'Anjou quittèrent la noce. Leur barque démarrait déjà, la voile au vent pour descendre la Loire, quand Ronsard accourut, faisant des gestes désolés et maudissant les ravisseurs. Il se consola en recommandant la fugitive aux naïades du fleuve, qui devaient l'entourer de leurs soins et protéger la traversée :

Bateau qui sur les flots ma chère vie emportes,
Du vent en ta faveur les haleines soient mortes,
Et le banc périlleux, qui se trouve parmi
Les eaux, ne t'enveloppe en son sable endormi ;
Que l'air, le vent et l'eau favorisent ma dame !...
En guise d'un étang sans vague paresseuse
Aille le cours de Loire, et son limon crasseux
Pour ce jourd'hui se change en gravelle menue
Pleine de maint rubis et mainte perle élue !...

Le poète pense-t-il, à cette heure, au vaisseau qui emportait Virgile vers les Cyclades, et voudrait-il transposer aux bords de Loire l'ode née de l'inquiète amitié d'Horace ? Il développe un thème, et rien de plus. Un cœur ému eût trouvé d'autres accents. Mais Ronsard n'était plus épris et les propos qu'il se prête au long du jour, pour passionnés qu'ils apparaissent, ne sont que littérature.

Cependant il avait revu un grand amour. Il pouvait suivre par la pensée le retour d'une chère Marie le long des rives familières, débarquer avec elle à la Chapelle-Blanche, l'accompagner jusqu'à Bourgueil, ouvrir devant elle la barrière de son jardin rempli de roses... Mais ce soir de fête s'achevait en mélancolie, parce que le jour avait mal réchauffé le passé. Quand les dernières compagnies se séparèrent, nos poètes repassèrent l'eau et gagnèrent le pont de Tours, pour prendre logis dans la ville chez l'ami qui les attendait.

Dans ce voyage, Ronsard a composé un récit plein de vie, où la réalité se mêle aux fictions de l'églogue ; le tout est de l'y discerner. C'est au tournant d'un vers qu'on surprend la désillusion. Il s'est vu brusquement vieilli et déjà grisonnant, et s'il l'avoue à la jeune fille, c'est qu'elle aussi a perdu sa fraîcheur :

> Les garçons du village
> Disent que ta beauté tire déjà sur l'âge.

Chez l'accorte et robuste villageoise avec qui il vient de danser, il n'a presque rien reconnu de ce qu'il avait aimé dans une petite Marie d'autrefois.

Qu'a-t-il donc trouvé en elle en ces jours heureux, et comment nous représenter cette « fleur angevine de quinze ans », dont le plus grand charme, sans doute, tint à ce printemps de l'âge que tous les poètes ont évoqué ? C'est une adolescente des champs, fine et rieuse, plaisante par son air d'innocence, en somme un décalque rustique de Cassandre, telle que le poète vit celle-ci aux premières rencontres. Mais il sait mieux décrire aujourd'hui qu'au temps de Cassandre, et nulle convention mondaine ne le retient en ce nouvel amour. Aussi peint-il Marie de Bourgueil avec des traits si précis que l'on ne comprend guère les doutes d'érudits sur son existence :

> Marie, vous avez la joue aussi vermeille
> Qu'une rose de mai ; vous avez les cheveux
> Entre bruns et châtains, frisés de mille nœuds
> Gentiment tortillés tout autour de l'oreille...

Les « bras de Junon », la « main de l'Aurore », n'ajoutent rien à la juvénile image que nous entrevoyons. L'essentiel est que le type de Marie soit fixé. C'est une brune, comme la fille des Salviati, et le bon poète Belleau, qui explique le sonnet, se croit obligé de dire qu'il est « confessé par tous les poètes que les cheveux bruns et de couleur de châtaigne sont plus beaux que les blonds ». Il découvre même un texte grec pour assurer que « Vénus était nommée châtaignière à cause de son teint et de ses cheveux de même couleur ». Certes les autorités contraires ne manquent pas pour la primauté des blondes ; Ronsard lui-même les invoque, dès qu'une chevelure d'or exige ses hommages courtisans. Mais le choix de son instinct en est l'aveu : c'est en louant les brunes qu'il est sincère. Pour le portrait moral, un seul vers y suffit au seuil d'un sonnet délicieux :

Belle, gentille, honnête, humble et douce Marie,
Qui mon cœur en vos yeux prisonniers détenez
Et qui sans contredit à votre gré menez
De votre blanche main les brides de la vie…

Cette fillette simple et sagement élevée habite chez ses parents au hameau du Port-Guyet. On peut voir en elle l'enfant d'un gros métayer, dépendant peut-être de l'abbaye de Bourgueil, dont Charles de Pisseleu, ami de jeunesse de Ronsard, est abbé. Cette amitié, qu'attestent quelques dédicaces, a dû amener le poète dans ce canton des bords de Loire. On ne trouve pas d'autre cause à ses séjours, que réjouirent, sans nul doute, le vin d'un cru renommé et des battues de sangliers en compagnie de l'abbé du lieu. Il y venait aisément du proche Vendômois et, pendant quelques années, ses visites à Bourgueil furent fréquentes, jusqu'au jour où il n'y revint plus que par les jeux imaginatifs de sa poésie. Tous ses amis, au courant de ses amours, surent pour quelle raison on ne voyait moins à Paris. Baïf se plaint, en lui dédiant un poème, de la raison qui prolonge pour

lui l'automne loin de ses compagnons de poésie :
« C'est 'un nouveau lien', c'est la nouvelle amour
d'une 'simple païsante'. » Le bruit en va jusqu'à Rome,
où Olivier de Magny y fait allusion, et Du Bellay est
informé par Ronsard lui-même :

> Cependant que tu vois le superbe rivage
> De la rivière Tusqua et le Mont Palatin …
> Une fille d'Anjou me détient en servage.

Ces témoignages datés attesteraient aux plus
sceptiques que Marie a vécu. Mais les détails de son
histoire prêtent à des interprétations diverses ; il faut
choisir les plus vraisemblables.

L'aventure commença de façon vive et assez
romanesque. Marie avait deux sœurs, ses aînées, Anne,
dite Annon, et Antoinette, et le soir toutes les trois se
promenaient sur l'eau. Le poète les vit d'abord dans
leur barque :

> Mais la plus jeune avait le visage plus beau
> Et semblait une fleur voisine d'un ruisseau
> Qui remire dans l'eau ses richesses vermeilles.
> Ores (tantôt) je souhaitais la plus vieille en mes vœux
> Et ores la moyenne, et ores toutes deux ;
> Mais toujours la petite était en ma pensée…

Cette petite avait plus de grâce, les yeux plus doux,
le rire charmant, c'est un amoureux qui nous l'affirme.
Les parents acceptèrent ses assiduités, qu'ils voyaient
sans conséquence. Il arrivait chez eux dès l'aurore pour
réveiller sa préférée :

> Marie, levez-vous, ma jeune paresseuse !
> Jà la gaie alouette au ciel a fredonné,
> Et jà le rossignol doucement jargonné
> Dessus l'épine assis sa complaisante amoureuse.
> Sus debout ! Allons voir l'herbelette perleuse
> Et votre beau rosier de boutons couronné,
> Et vos œillets mignons auxquels aviez donné,
> Hier au soir, de l'eau d'une main si soigneuse…

La vivacité de quelques tableaux, qu'une

25

imagination osée pousse assez loin, remplit les confidences du poète. Il ne lui déplaît point de laisser croire qu'il n'eut plus rien à désirer ; et si une Marie lui résiste jusqu'au bout, il n'aime pas que la postérité en ait l'assurance. Cependant, à serrer la réalité de plus près, obtint-il autre chose que des privautés joyeuses avec des rires et des chansons ? Il met une gratitude significative à célébrer d'aussi menus dons. Cela, pour elle, ne comptait guère plus que la couronne de laurier qu'elle s'amuse à tresser pour son front de poète :

> J'aime un jeune laurier, de Phébus l'arbrisseau,
> Dont ma belle maîtresse en tordant un rameau
> Lié de ses cheveux me fit une couronne.

Cette « gentille amie » ne lui fut donc point trop « sévère », mais « sur le point que l'honneur défend », il la trouva toujours intraitable. Ces filles des champs, très averties, ont trop de fine connaissance du péril pour ne pas savoir tenir tête aux galantes entreprises.

Tout ce manège prête à merveille aux jeux de la poésie amoureuse. Le guide qu'y cherche Ronsard est un Grec, vivant à Florence au temps de Laurent le Magnifique, ce Marulle, qui chanta en odelettes latines inspirées de Catulle et de l'Anthologie une jeune fille aussi rebelle que Marie, et aussi plaisante. Les lettrés qui les connaissent retrouvent maintes fois la louange poétique de Nééra dans celle de Marie l'Angevine, mais combien plus savoureuse, plus vive, plus alerte chez notre poète, et dans quel original décor de province française !

L'idylle champêtre est nettement localisée ; le nom qui se grave sur l'écorce des coudriers est un nom frais et simple comme l'enfant qui le porte, et tout un monde rustique est autour d'elle. Ce n'est pas la rose d'Anacréon qui la couronne, mais celle de son village, dont le parfum embaume tant de sonnets :

> Douce, belle, amoureuse et bienfaisante Rose

> Que tu es à bon droit aux amours consacrée !
> Ta délicate odeur hommes et dieux récrée,
> Et bref, Rose, tu es belle sur toute chose.
> Marie pour son chef un beau bouquet compose
> De ta feuille, et toujours sa tête en est parée ;
> Toujours cette Angevine, unique Cythérée,
> Du parfum de ton eau sa jeune face arrose.

Si Ronsard veut rêver en paix, « étendu dans l'herbe », à celle qui a pris son cœur, il se fait aisément une âme de paysan :

> Je veux jusques au coude avoir l'herbe, et si veux
> De roses et de lis couronner mes cheveux.
> Je veux qu'on me défonce une pipe angevine
> Et, en me souvenant de ma toute divine,
> De toi mon doux souci, épuiser jusqu'au fond
> Mille fois ce jourd'hui mon gobelet profond…

Il adopte, pour plaire, les coutumes locales. Il fait « couper les joncs », la veille de la Saint-Jean, afin de comparer le sien à celui de Marie ; le sort lui en donne un très long, « signe d'amour », tandis que l'autre étant petit indique que l'affection de l'amie n'aura que « brève durée ». Il invoque un autre présage de la contrée :

> Je mis pour t'essayer encore d'avant-hier
> Dans le creux de ma main des feuilles de coudrier ;
> Mais en tapant dessus nul son ne me rendirent,
> Et flasques, sans sonner, sur la main se fanirent ;
> Vrai signe que je suis en ton amour moqué,
> Puisqu'en frappant dessus elles n'ont point craqué.

La sorcière aussi est consultée. Après trois éternuements rituels, elle modèle de ses doigts dans une pâte de levain l'image de la jeune fille, tourne et marmonne, détache sa jarretière, en entoure le col de l'amoureux. Ainsi sa vie, prédit-elle, restera prisonnière de Marie, sans que jamais celle-ci le paie de retour.

Toute cette superstition amoureuse vient des traditions celtiques d'un vieux pays. On sent que l'imagination de la fillette en est nourrie, comme ses habitudes quotidiennes le sont des rudes vertus de sa race. Assurément, elle est bonne travailleuse ; elle prendra en gré la quenouille que le poète lui apporte de Montoire en Vendômois, où l'on fabrique les plus soignées :

Quenouille, de Pallas la compagne et l'amie,
Cher présent que je porte à ma chère Marie
Afin de soulager l'ennui qu'elle a de moi,
Disant quelque chanson en filant de sur toi,
Faisant pirouetter, à son huis amusée,
Tout le jour son rouet et sa grosse fusée …
Tu ne viendras aux mains d'une mignonne oisive
Qui ne fait qu'attifer sa perruque lascive
Et qui perd tout son temps à mirer et farder
Sa face, à celle fin qu'on l'aille regarder ;
Mais bien entre les mains d'une dispote fille,
Qui dévide, qui coud, qui ménage et qui file
Avecque ses deux sœurs, pour tromper ses ennuis,
L'hiver devant le feu, l'été devant son huis.

Ronsard met en son éloge de la quenouille un symbole complet de l'existence de Marie, qu'il lui plaît d'opposer à celle qu'on mène à la cour, où les cœurs sont moins heureux. L'ami Belleau le fait assez entendre : « Si toutes les dames qui se sont moquées du simple et peu riche présent du poète à une belle et simple fille, bien apprise et non otieuse (paresseuse), étaient aussi prudes femmes, que notre siècle en vaudrait mieux ! » Si l'on avait à représenter Marie dans une attitude familière, ne serait-ce pas bien choisir que de mettre en ses mains la quenouille vendômoise offerte par son grand ami ?

Le poète a été récompensé de ce bel amour sincère, enivré de jeunesse, tout mêlé à la nature et plein de la poésie de sa terre natale. C'est pour Marie qu'il a composé ses plus fines chansons, celles mêmes qui ont plu davantage aux grandes dames et qui furent à l'honneur chez Marie Stuart et chez la reine Catherine :

Ma maîtresse est toute angelette,
Ma toute Rose nouvelette
Toute mon gracieux orgueil,

Toute ma petite brunette,
Toute ma douce mignonnette,
Toute mon cœur, et toute mon œil …

Toute ma maîtresse Marie,
Toute ma douce tromperie …
Toute ma joie et ma langueur,
Toute ma petite angevine,
Ma toute simple et toute fine,
Toute mon âme et tout mon cœur !

Une odelette, la plus exquise, sera chantée par l'Europe entière sur la musique de Roland de Lassus :

Bonjour mon cœur, bonjour ma douce vie !
Bonjour mon œil, bonjour ma chère amie !
Eh ! bonjour, ma toute belle,
Ma mignardise, bonjour,
Mes délices, mon amour !
Mon doux printemps, ma douce fleur nouvelle…
    Bonjour, ma douce rebelle !

Et voici encore du Marulle transposé pour l'Angevine :

Pourquoi tournez-vous vos yeux
    Gracieux
De moi, quand voulez m'occire ?
Comme si n'aviez pouvoir
    Par me voir
D'un seul regard me détruire ? …
Mais quoi vous abusez fort :
    Cette mort
Qui vous semble tant cruelle,
Me semble un gain de bonheur
    Pour l'honneur
De vous qui êtes si belle.

Ce sont tous des vers qu'une Marie peut comprendre, qui n'exigent pas les clés de l'érudition ou le commentaire mythologique. Cet amour a ramené vers les simples gens la muse de Ronsard, qui se félicite d'avoir rompu avec les pédants pour se faire entendre des amoureux. Si quelqu'un, dit-il, me blâme de ce que ces vers « ne soient plus l'honneur pindarique », qu'il apprenne que les amours doivent s'exprimer dans un autre langage,

> Populaire et plaisant ainsi qu'a fait Tibulle,
> L'ingénieux Ovide et le docte Catulle.
> Le fils de Vénus hait ces ostentations :
> Il suffit qu'on lui chante au vrai ses passions,
> Sans enflure ni fard, d'un mignard et doux style,
> Coulant d'un petit bruit comme une eau qui distille.
> Ceux qui font autrement, ils font un mauvais tour
> À la simple Vénus et à son fils Amour...

Et voici la noble élégie qui fixe dans son œuvre aux amours de Marie la signification qu'il lui plaît d'y attacher :

> Marie, à celle fin que le siècle à venir
> De nos jeunes amours se puisse souvenir
> Et que votre beauté que j'ai longtemps aimée
> Ne se perde au tombeau par les ans consumée
> Sans laisser quelque marque après elle de soi,
> Je vous consacre ici le plus gaillard de moi,
> L'esprit de mon esprit, qui vous fera revivre
> Ou longtemps ou jamais par l'âge de ce livre.
> Ceux qui liront ces vers que j'ai chantés pour vous,
> D'un style qui varie entre l'aigre et le doux
> Selon les passions que vous m'avez données,
> Vous tiendront pour déesse...

L'histoire poétique de Marie ne s'achève pas avec la séparation. Le génie de Ronsard a tiré pour nous de la terre d'Anjou un second bienfait, à peine moins précieux que le premier. C'est un don inattendu que vont nous faire les poèmes *sur la mort de Marie*.

Les années avaient passé et les plus fortes passions du cœur et de l'esprit avaient modelé longuement l'âme du poète. Les déceptions l'avaient meurtri, avec l'ingratitude des princes et le reniement des amis. Au temps de la guerre civile, il ne s'était pas dérobé au devoir de prendre parti, il avait reçu et rendu les coups de la bataille ; mais son art, toujours en progrès, s'était enrichi de ses nobles et douloureuses expériences. Cette mélancolie, que lui apportait jadis la seule brièveté des plaisirs, s'était attachée aux souffrances de la patrie, et sa muse, grandie dans ces orages, pouvait maintenant interpréter les deuils du cœur.

Un jour qu'il était au pays de Vendôme ou de Touraine, un passant entra chez lui et conta que Marie de Bourgueil était morte. Brusquement attristé de la nouvelle, l'idée qu'il ne la reverrait plus sur la terre s'imposa à sa rêverie. Il évoqua l'aimable bourgade dont il avait goûté le bon accueil, et le joli groupe de jeunes filles avec qui il folâtrait dans la liberté des champs. Il se rappela les traits juvéniles de celle qui n'avait pu se décider à l'aimer d'amour, mais qui lui avait offert, par ses « doux refus », la matière de si beaux poèmes. Elle lui apparut, parée de ses grâces bien défendues, qui la rendaient aujourd'hui plus précieuse à sa pensée. Ce qui l'avait irrité jadis, maintenant l'attendrissait davantage et ajoutait à la beauté du souvenir. Marie s'était-elle mariée ? Sa précoce sagesse s'était-elle épanouie en vertus familiales ? Nous ne le saurons jamais, parce que le poète ne l'a pas dit. Mais il n'avait pas à le dire : celle qu'il imaginait portée au tombeau par ses compagnes, c'était la Marie de quinze ans, qui dansait le soir sous le pin du seuil paternel et laissait au matin surprendre par des yeux charmés son réveil d'adolescente.

Il se mit à la pleurer, pleurant en elle sa propre jeunesse et les douces images qu'il se faisait alors de l'amour. Les vers par lesquels il lui revint sont parmi les plus émus de notre littérature. Certes il a pris un modèle, et divin, en cette partie du *Canzoniere* que Pétrarque a composée *In morte di Madonna Laura* ; mais il lui doit, dans le détail, fort peu de chose. Aussi bien, les femmes pleurées par les deux poètes n'ont-elles guère de traits communs. Peu de réminiscences se glissent dans ces stances de Ronsard, ces sonnets, ces chansons tristes qui marquent notre poésie d'amour d'un sceau si neuf :

Je lamente sans réconfort,
Me souvenant de cette mort
Qui déroba ma douce vie,
Pensant en ces yeux qui soulaient
Faire de moi ce qu'ils voulaient,
De vivre je n'ai plus d'envie.

Quand son âme au corps s'attachait,
Rien, tant fût dur, ne me fâchait,
Ni destin, ni rude influence ;
Menaces, embûches, dangers,
Villes et peuples étrangers
M'étaient doux pour sa souvenance...

Hélas ! où est cette beauté,
Ce printemps, cette nouveauté,
Qui n'aura jamais de seconde ?
Du ciel tous les dons elle avait ;
Aussi parfaite ne devait
Longtemps demeurer en ce monde...

Hélas ! où est ce doux parler,
Ce voir, cet ouïr, cet aller,
Ce ris qui me faisait apprendre
Que c'est qu'aimer ? Ah, doux refus !
Ah, doux dédains ! vous n'êtes plus,
Vous n'êtes plus qu'un peu de cendre.

Trop brièvement, hélas ! se croisèrent leurs destinées. Cette heure si courte reste cependant impérissable au cœur du survivant :

Mes pas avec les siens ont fait même chemin !

Les roses, que de son vivant Marie a tant aimées, parfumeront sa mémoire. Se lasse-t-on de réciter l'offrande de la Muse païenne à la jeune ombre fuyant devant la mort ?

Comme on voit sur la branche au mois de mai la rose
En sa belle jeunesse, en sa première fleur,
Rendre le ciel jaloux de sa vive couleur
Quand l'aube de ses pleurs au point du jour l'arrose ;

La grâce dans sa feuille et l'amour se repose
Embaumant les jardins et les arbres d'odeur ;
Mais battue de pluie ou d'excessive ardeur,
Languissante elle meurt feuille à feuille déclose ;

Ainsi, en ta première et jeune nouveauté,
Quand la terre et le ciel honoraient ta beauté,
La Parque t'a tuée et cendre tu reposes.

Pour obsèques reçois mes larmes et mes pleurs,
Ce vase plein de lait, ce panier plein de fleurs,
Afin que vif et mort ton corps ne soit que roses.

Il lui arrive de voir en rêve cette petite Marie « qui boit du nectar assise entre les dieux ». Mais le plus souvent, il parle tout simplement en chrétien et, comme Pétrarque, c'est au Paradis et non dans l'Olympe qu'il place la chère figure :

Ah ! Mort, en quel état maintenant tu me changes !
Pour enrichir le ciel tu m'as seul appauvri,
Me ravissant les yeux desquels j'étais nourri,
Qui nourrissent là-haut les esprits et les anges…

Il reconnaît avec gravité « l'honnête chasteté » de l'enfant et se complaît à présent à la proclamer :

Quand je pense à ce jour où je la vis si belle
Toute flamber d'amour, d'honneur et de vertu…

Et c'est un des purs moments de sa vie qu'il évoque en cette rencontre lointaine,

Aux jardins de Bourgueil près d'une eau solitaire.

III. – Dame Genèvre

Je réclame pour vous, Genèvre, une place de choix parmi les amoureuses de Ronsard. On vous oublie ou l'on vous méprise, auprès des trois grandes muses de son cœur. Rien n'est plus injuste. Comme Cassandre, Marie ou Hélène, vous lui avez inspiré des chansons charmantes et, si le son en est différent, elles n'en complètent que mieux l'harmonie d'un beau concert. Les vers de notre ami sont bien à vous, et il n'a point songé, par la suite, ainsi qu'il en use souvent, à en changer la dédicace. Il vous les a lus quelquefois, je pense, tout comme si vous étiez de la cour, et cet encens poétique, pour vous bien inattendu, n'est jamais sans charmer une enfant de Paris. Vous aviez le cœur sur la main, la langue bien pendue : ce sont là paroles de votre ville, dont le poète aurait pu se servir pour vous peindre. Il a préféré parler de vous noblement, car vous aviez soif d'égards autant que de sentiment. Mais soyez louée, Genèvre ma mie, de ne l'avoir pas fait souffrir, ainsi que le firent tant d'autres, et de n'avoir point marchandé avec un tel soupirant.

La figure de Genèvre a pour nous l'attrait d'être insaisissable. Trop fier pour rougir d'elle devant ses belles amies du Louvre, Ronsard n'a rien celé des détails d'une liaison plébéienne. Il y montre une sincérité entière et un caractère humain qui nous touche. Elle est contée en ce recueil des *Élégies*, où il faut entendre le genre élégiaque au sens d'Ovide, de Tibulle et de Properce. Ces maîtres de la passion sensuelle furent de tout temps familiers à Ronsard et correspondent, beaucoup mieux que Pétrarque, à son goût des réalités de l'amour et à sa façon de le sentir.

Les bains de Seine sont d'usage traditionnel dans le peuple parisien. Le divertissement y trouve son compte, comme la bonne santé. Aux berges de la Cité ou du port

Saint-Nicolas, les baigneurs, hommes et femmes, laissent leurs nippes sur le gravier, et se jettent à l'eau sans façon. Les voisins s'y rencontrent en famille ; de petits bals mêlent les gens des divers quartiers et les dames ne dédaignent pas de s'y promener pour s'ébahir des prouesses des nageurs.

À trente-cinq ans, Ronsard pratique, avec succès, tous les exercices du corps : le tir, l'escrime, le jeu de paume, – et le golf comme le tennis, – il aime la chasse,

> Ore un ballon poussé sur une verte place,
> Ore nager, lutter, courir et voltiger...

Habitué de la rivière, il est allé s'y rafraîchir à la nage, à la fin d'une torride journée du mois de juillet 1561. D'une des compagnies qui dansent aux chansons sur le bord de l'eau s'élève une voix de femme, chaude et bien timbrée, marquant le rythme des mouvements. Ronsard est sensible au charme de cette voix ; il s'élance « tout nu » sur le sable pour mieux entendre, va prendre sa place dans la danse, complimente la belle chanteuse, lui baise la main, puis replonge à l'eau d'un bond rapide. Ces quelques instants ont charmé sa fantaisie ; il les rappellera plus tard à Genèvre, quand, dit-il,

> Au milieu des ondes
> Je me sentis lié de tes deux tresses blondes ;

mais il croit sans lendemain cette fugitive aventure :

> Je m'en allai coucher sans aucune espérance
> De jamais te revoir pour te donner ma foi
> Comme ne connaissant ni ta maison, ni toi.

L'enchantement de cette soirée, le chant, la surprise de la beauté, il y a eu dans ces brèves minutes tous les éléments du coup de foudre que Ronsard a coutume de subir. Rentré chez lui, il ne cesse d'y penser. Il sent, à maint signe, qu'il est « pris dans les rêts » une fois de plus. Retrouvera-t-il son inconnue ? Il retourne vainement au bord de l'eau et la cherche tout le jour. Le dieu Amour, enfin, touché de pitié, veut bien la mettre sur son chemin. C'est vers le soir, au faubourg Saint-Marceau. Elle prend le frais sur le pas de sa porte. Ronsard n'hésite pas à mettre la toque à la main et risque sa déclaration : « Vous avez trop de beauté, Madame, pour être cruelle ; je meurs d'amour, secourez-moi. » La belle le laisse courir sur le thème, puis, soupirant avec un air de grande tristesse, l'avertit qu'il perd sa peine à tant de discours : elle porte dans le cœur un deuil qui lui interdit tout nouvel espoir d'aimer ; ses désirs sont ensevelis à jamais dans un tombeau. Ronsard la quitte tout confus, n'ayant appris sur elle qu'une chose, qu'elle n'a point de mari.

Quatre journées de passent ; il reste au logis, travaillant sans relâche pour éloigner les images pressantes. Le cinquième jour, n'y tenant plus, il retourne chez Genèvre, la trouve disposée à causer « de cent choses diverses » et même à s'informer de sa personne :

> À la fin, privément tu t'enquis de mon nom
> Et si j'avais aimé d'autres femmes ou non.
> « Je suis, dis-je, Ronsard, et cela te suffise !
> Ce Ronsard que la France honore, chante et prise,
> Des Muses le mignon et de qui les beaux vers
> Sont témoins de ma gloire en ce grand univers. »

Et Ronsard conte qu'il a aimé une jeune Cassandre « aux bords de Loire », puis, en Anjou, une belle Marie, et qu'il a fait pour elle « cent mille chansons ». Si cette fierté un peu naïve de l'homme de lettres a eu quelque prise sur d'autres femmes, une Genèvre peut-elle s'en éblouir ? Lorsqu'il lui est arrivé de chanter des chansons de Ronsard, savait-elle seulement que les paroles fussent de lui ? Mais ce gentilhomme a belle prestance et son cœur est libre, c'est ce qui l'intéresse davantage :

« Maintenant je poursuis toute amour vagabonde,
Ores j'aime la noire, ores j'aime la blonde,
Et sans amour certaine en mon cœur éprouver
Je cherche ma fortune où je la puis trouver.
S'il te plaisait m'aimer, par tes yeux je te jure
Que d'une autre amitié jamais je n'aurais cure. »

Il interroge à son tour : qui a-t-elle aimé ? Genèvre soupire et ses yeux se mouillent de larmes. Elle répond qu'elle a connu la passion la plus ardente et, toute à ses souvenirs, se met à narrer l'histoire de son cœur. Celui qu'elle avait choisi la rendait pleinement heureuse ; amant ou mari (certains indices feraient croire au mariage), il était, lui aussi, un homme instruit ; il savait le nom des plantes et des étoiles, jouait à la paume, et chantait sur le luth :

« Il était jeune et beau, d'un parler accointable,
De taille belle et droite et d'un œil amiable ;
Quand Amour n'eût poussé dedans lui mon désir,
Encor pour sa vertu je le devais choisir… »

Ils ont vécu ensemble six ans de jeunesse, et la mémoire de leurs plaisirs l'émeut encore. Rien n'a jamais troublé l'union délicieuse qu'ils ont goûtée et qu'on ne saurait rencontrer deux fois. Hélas ! elle garde devant les yeux sans cesse les douloureux tableaux d'une maladie prolongée longtemps et qui finit par la mort. Son bel ami, à vue d'œil dépérissant, n'a jamais voulu d'autres soins que les siens. Elle a passé des semaines à son chevet, sans prendre le moindre repos :

Je n'eusse pas souffert qu'on se fût approché
Du misérable lit où il était couché,
Ou que sa propre sœur d'un naturel office
Lui eût touché la main ou lui eût fait service ;
Seule je le traitais sans secours d'étrangers,
Car sans plus de ma main voulait boire et manger.

Il est mort dans ses bras, en crachant son sang. Les

détails de cette agonie et les propos qu'ils échangèrent tiennent deux cents vers dans le récit de Ronsard. On y voit que Genèvre ne lui a rien épargné de son désespoir, couvrant encore de pleurs le portrait qu'elle lui montre. Elle l'émeut par l'évocation des dernières tendresses, de la beauté suprême d'un cher visage, et la folie désespérée qui la jeta presque évanouie sur le cadavre :

> « Cependant ses amis qui trépassé le virent
> Le tirèrent du lit et me l'ensevelirent,
> Fors le chef seulement qui, sans être caché,
> Dessus un oreiller fut longuement couché ;
> Lors les parents du mort de la chambre m'ôtèrent
> Et comme un tronc de bois sur un lit me portèrent.
> Mais sitôt que je sus que le corps était seul
> Je retourne à la chambre embrasser le linceul,
> Et voyant, ô douleur ! sa face découverte
> De cent mille couteaux mon âme fut ouverte... »

Elle adresse à ce corps de nouveaux adieux passionnés :

> « O beaux yeux, où Vénus tenait sa torche ardente !
> O bouche, le séjour des devis amoureux !...
> O main qui si longtemps m'a prise et retenue !
> O grâce qui du ciel était ici venue !
> Las, vous n'êtes plus rien, et tantôt vous étiez
> Le soutien de ma vie et me réconfortiez !...
> Je n'avais achevé qu'il fut mis au cercueil ;
> Les torches qui flambaient et la pompe du deuil
> L'attendaient en la rue, où quatre le portèrent
> Et mon riche trésor sous la terre boutèrent. »

Le deuil de Genèvre était sincère. Il y avait neuf mois, disait-elle, qu'elle refusait tout divertissement, et sa première sortie était de la veille, le jour même de la rencontre au bord de la Seine. Le poète, prompt à l'enthousiasme, admirait cette constance ; les larmes faisaient de beaux yeux plus touchants et plus vif le désir de leur rendre la joie. Il se disait digne de le tenter. Genèvre venait d'avouer qu'une recommandation du mourant la mettait en garde contre le « sot » ou le « fat » qui pourrait un jour être son successeur. N'avait-il pas les qualités que le défunt eût souhaitées, et n'approuverait-il pas le choix d'un gentilhomme et d'un poète que lui-même, vivant, eût honoré ?

> J'achevais de parler, quand la nuit malheureuse
> Me fit prendre congé de ta main amoureuse ;
> J'allai trouver le lit où sans avoir repos
> Me revenaient toujours ton mort et tes propos,
> Comme ayant dans le cœur des traits d'Amour empreinte
> Ta beauté, ton discours, tes larmes et ta plainte.

Comme l'érudition, chez Ronsard, ne perd jamais ses droits, il a rapproché dans son esprit la douleur étalée devant lui du deuil illustre de Vénus, après la mort d'Adonis, et cette longue lamentation qu'il vient d'entendre de celle que Bion le sicilien prête à la déesse. Son imagination s'échauffe aussitôt sur la légende mythologique, et c'est, sans nul doute, sous le coup d'une émotion d'amoureux qu'il a écrit dans une éloquente transposition sa grande élégie de l'Adonis, inspirée du poète bucolique :

> Hélas ! pauvre Adonis, tous les Amours te pleurent ;
> Par ta mort, Adonis, toutes délices meurent !...

Le jeu littéraire trompe mal un désir déchaîné. Ronsard, qui n'a emporté aucun espoir, veut essayer de se distraire. La cour est précisément à Saint-Germain-en-Laye, se préparant à assister au colloque de Poissy. Pourquoi n'irait-il pas au château « servir son roi », qui toujours l'accueille avec amitié ? Il monte en selle et fait tout le trajet en donnant de l'éperon, à peine ralenti par la traversée des boucles de la Seine aux bacs de Neuilly, de Chatou et du Pecq. Mais un souci persistant chemine avec lui :

> Ni pour piquer, ni pour donner carrière
> À mon cheval, je ne laissai derrière
> Le chaud désir qui dans mon cœur vivait
> Et compagnon en croupe me suivait ;
> Ni pour passer le large dos de Seine,
> Qui se jouant quatre fois se ramène

D'un vague pli retors et reglissant
Et quatre fois se remontre au passant…
Un beau sentier me semblait une ornière,
Une fontaine une creuse rivière,
Les blés un champ de la bise battu,
Un plain chemin un passage tortu…
Et à la fin, piqué d'amour extrême,
Je pique tant mon cheval et moi-même
Que tout pensif, et le cœur hors du sein,
Troublé d'esprit j'arrive à Saint-Germain.

À la cour, on s'étonne d'un air hagard, de propos incohérents. Devant le jeune roi, il est sans voix pour dire ses vers, et Charles IX, gentiment, en plaisante ; on a vite fait de démêler la nature des tourments de cet éternel amoureux. Après une nuit d'insomnie, au matin, il renonce, dit-il, à assister au lever royal :

J'erre tout seul dans le parc du château,
Pensant, rêvant à ce gentil visage,
Dont malgré moi j'avais au cœur l'image.

Des terrasses de Saint-Germain, on aperçoit, au loin, la capitale. Cette vue exalte sa songerie. Que fait-il dans ce grand parc, errant comme une âme en peine ? Que lui importe la cour et d'y chercher fortune ? Tout son avenir est auprès d'un seul être. Et sans réfléchir davantage, il demande son cheval, descend au galop la pente vers la rivière, et par un chemin qui semble cette fois parfumé d'œillets et de jasmin, puisqu'il le ramène vers son rêve, notre poète regagne Paris au soleil couchant.

Il attend la nuit pour courir à la maison de Genièvre ; elle est encore « sur le seuil de son huis », mais si songeuse et si triste qu'il n'ose l'approcher :

Lors, vous voyant si triste contenance,
De tête en pied à trembler je commence
Et tellement me laissa la raison
Que tout muet je rentre à la maison,
N'osant troubler votre face abaissée
Ni vous plongée en si longue pensée.

40

Des sentiments aussi délicats ne peuvent manquer de récompense. Quand Ronsard se présente au matin et renouvelle sa requête d'une voix tremblante, l'intraitable Genèvre s'attendrit. Ainsi commencèrent leurs amours, dont les premiers chagrins furent vite oubliés, car, dit le poète,

> La différence est grande et merveilleuse
> Entre l'amour et la rage amoureuse.

Aucun nuage, toute une année, dans un ciel paisible. Ils ne sont « qu'un seul corps et qu'une âme ». Genèvre a mille façons charmantes de plaire. Comme Ronsard est souvent « aux champs », ce sont des cajoleries sans fin pour fêter son retour :

> Tantôt fronciez les plis de ma chemise,
> À chaque pli me baisant ou mordant
> D'un petit trait mon front de votre dent ;
> Tantôt frisiez de votre main vermeille
> Mes blonds cheveux à l'entour de l'oreille,
> Ou me pinciez, chatouilliez, et j'étais
> Si hors de moi que rien je ne sentais,
> Mort de plaisir, tant le plaisir extrême
> Avait perdu ma raison et moi-même.

Chaque fois qu'on se quitte, elle lui donne un bouquet frais cueilli en son jardin et dans ceux du voisinage. Elle en a mêlé savamment les couleurs,

> Tantôt la rousse à la blanche, et aussi
> Le rouge œillet au jaunissant souci,
> La pâquerette aux petites pensées,
> L'une sur l'autre en un rond amassées ;
> Un beau bouquet ouvriez de votre main
> Que vous cachiez une heure en votre sein ;
> Puis, me baisant au sortir de la porte,
> Me le donniez d'une si douce sorte
> Que tout le jour j'en sentais revenir
> La fleur à l'œil, au cœur le souvenir.

Pendant une absence plus prolongée, le poète écrit à Genèvre de son Vendômois une longue élégie, toute de mélancolie et de tendresse, et si pénétrante par endroits qu'on ne peut, sans l'avoir analysée, se flatter de connaître tous les aspects de Ronsard amoureux :

> Ce me sera plaisir, Genèvre, de t'écrire,
> Étant absent de toi, mon amoureux martyre.
> Hélas ! je ne vis pas ! ou je vis tout ainsi
> Que vit dedans le lit un malade transi,
> Qui deçà, qui delà, se tourne et se remue
> Ayant dans le cerveau la fièvre continue...
> Quand le soleil descend dans les ondes salées,
> Je me dérobe aux bois ou me rends aux vallées...

Cette fièvre de l'absence, il en décrit les symptômes aux diverses heures de la journée. Il a beau chercher dans les bois le repos de l'esprit qu'il y rencontre d'ordinaire, il n'en rapporte ni la paix de l'imagination, ni la saine fatigue qui prépare au sommeil. Il peint les soirées sans fin au logis solitaire, occupées par un va-et-vient agité à travers la chambre :

> Pour ne me coucher point, je cherche à deviser,
> Je lis en quelque livre ou feins de composer,
> Ou seul je me promène et repromène encore,
> Trompant d'un souvenir l'ennui qui me dévore.
> À la fin, mes valets qui portent sur les yeux
> Et dans le nez ronflant le dormir odieux,
> Entresillés du somme, ainsi me viennent dire :
> « Monsieur, il est bien tard, un chacun se retire.
> Là minuit est sonné ; qu'avez-vous à gémir ?
> La chandelle est faillie, il est temps de dormir ! »
> Alors, importuné de leur sotte prière,
> Je laisse tout mon corps pencher en une chaire
> Nonchalant de moi-même ; et mes bras vainement
> Et mon chef paresseux pendant sans mouvement,
> Je suis sans mouvement, paresseux et tout lâche.
> L'un m'ôte la ceinture et l'autre me détache,
> L'un me tire la chausse, et l'autre le pourpoint ;
> Ils me portent au lit et je ne le sens point !
> Puis, quand je suis couché, Amour qui me travaille,
> Armé de mes pensers, me donne la bataille.

L'insomnie et sa fièvre sont décrites avec une précision singulière :

> Le lit m'est un enfer, et pense que dedans
> On ait semé du verre ou des chardons mordants ;
> Maintenant d'un côté, maintenant je me tourne

De sur l'autre en pleurant, et point je ne séjourne.
Amour impatient qui cause mes regrets
Toute nuit sur mon cœur aiguise tous ses traits
M'aiguillonne, me point, me pique et me tourmente,
Et ta jeune beauté toujours me représente.

Genèvre peut-elle apprécier les tableaux savoureux que Ronsard, le premier, sait réaliser par l'alexandrin français ? Elle est, au moins, sensible à l'adoration de son propre fantôme, poursuivi dans la rosée du matin, à travers les prés dont les fleurs font évoquer ses charmes, au pied du genévrier feuillu, découvert dans un taillis et dont le nom semblable au sien renouvelle l'exaltation de son amant. Il étreint l'arbuste et l'interpelle comme un être vivant :

… Ton écorce est bien dure, et dur aussi je suis
À supporter d'Amour la peine et les ennuis ;
Tu parfumes les champs de ton odeur prochaine,
Et d'une bonne odeur m'amour est toute pleine ;
Tu vis dedans le bois, solitaire, et je vis
Solitaire et tout seul, si je ne suis suivi
D'Amour qui m'accompagne et jamais ne me laisse
Sans me représenter notre belle maîtresse ;
Notre, car elle est mienne et tienne, puis je crois
Que tu languis pour elle aussi bien comme moi.
Ainsi je parle à l'arbre et lui, branlant la cime,
Fait semblant de m'entendre et d'apprendre ma rime,
Et la rechante aux vents, et se dit bien heureux
D'être honoré du nom dont je suis amoureux.

Parmi toutes ces folies de poète, le sentiment règne en maître. Très souvent même, la sensualité la plus ardente laisse place à un accent nouveau, bien étranger aux élégiaques de la latinité ou de l'humanisme. On y entend vraiment le son de l'âme :

C'est quand il me souvient de tes douces paroles,
De tes douces chansons desquelles tu m'affoles,
Me souvenant encor de tes honnêtetés
Et de ta courtoisie, et de tes privautés,
Et de l'affection envers moi si naïve,
Quand mon corps est malade et mon âme pensive…

Ces traits, qui aident à peindre Ronsard, ajoutent

43

quelque grâce à l'image de Genèvre. On hésite à attribuer à celle-ci des torts dans le dénouement de leur histoire.

Si nous en croyons l'amant (et nous n'avons pas l'autre témoignage), la satiété mutuelle se produisit en même temps. Ce bel amour, qui si fort brûlait et semblait devoir longtemps prolonger ses flammes, « devint en fumée » sans qu'on sût pourquoi,

> Fût que le ciel le commandât ainsi,
> Fût votre faute ou fût la mienne aussi,
> Fût par malheur ou par cas d'aventure,
> Fût que chacun en suivant sa nature
> Par trop encline aux nouvelles amours…
> Tous deux piqués d'étranges frénésies,
> Si que tous deux fâchés de trop de loi
> Fûmes contents de rompre notre foi
> Pour la donner à de moindres peut-être…

On se quitta donc sans tapage, s'étant préparé d'autres choix, en s'accordant pour excuse que Vénus elle-même ne se priva point de successives amours :

> Elle fit bien d'avoir de tous pitié ;
> Rien n'est si sot qu'une vieille amitié.

C'est déjà le ton de La Fontaine, qui fut, lui aussi, un inconstant.

IV. – À la cour des Valois

Si le poète a quitté Genèvre, c'est qu'il a trouvé à la cour de plus ardentes séductions. L'heure est venue pour lui d'y régner et d'y plaire. Son art et sa renommée vont y gagner, sans doute ; mais déjà quel champ magnifique pour l'expérience des passions !

Le Louvre qu'a vu Ronsard offre un singulier mélange de vie féodale et d'élégances du temps nouveau. La forteresse de Charles V, flanquée de six tours puissantes, dresse encore sa masse fière en ce bord de Seine où finit Paris. François Ier n'a fait raser que le gros donjon. Mais, au flanc de la vieille bâtisse qu'on démolit peu à peu, s'accole le Louvre neuf de Pierre Lescot, que chaque règne agrandira. Henri II a pu jouir de ses appartements achevés, des grands degrés où se lit son chiffre, de la chambre de parade qui donne sur la rivière et, au rez-de-chaussée, de la longue salle des fêtes où maître Jean Goujon a sculpté les cariatides. Au dehors, pour ressembler aux palais d'Italie, les façades se meublent d'allégories et de figures en relief ; l'une d'elles, la belle déesse soufflant dans une trompette, fait dire aux gens que c'est la Renommée proclamant les vers de Ronsard en l'honneur du roi.

À toute heure du jour règne une animation bruyante dans ce Louvre rajeuni. Les chevaux, pistolets à l'arçon, piaffent dans les cours intérieures ; les gentilshommes, coiffés de la toque à plume et portant chausses et pourpoints tailladés, font des groupes sous le cintre des portes ; aux fenêtres paraissent des dames, la basquine serrée à la taille, le chaperon de velours noir sur les cheveux ; des files de solliciteurs emplissent les antichambres du cardinal de Lorraine et des conseillers d'État ; les pages affairés, en message, se croisent dans les escaliers du Roi et des princes ; les arquebuses de la compagnie écossaise et les gardes-suisses multicolores veillent aux entrées, et l'on voit passer les robes éclatantes des prélats parmi les hoquetons brodés d'or aux armes de France.

L'intérieur du Louvre semble fait pour les intrigues de la politique et de l'amour. Tahureau demande, dans ses *Dialogues*, « à quoi servent tant de tapisseries, tant d'escaliers, tant de longues galeries, tant de petites garderobes, tant d'huis de derrière et de retraites égarées. » Dans ces chambres dorées et peintes, où les fraîches tentures tissées d'or d'Artois et de Flandre ménagent les issues cachées, les dames exercent leur doux empire ; on y chante pour elles les vers de la Pléiade, et les luths, qui résonnent au long du jour, inclinent les cœurs à d'autres jeux. N'oublions pas cependant que ces brillants modèles de Clouet, hommes et femmes, ont tous sur leur visage quelque chose d'inquiet, de méfiant, de tendu, qui les montre en perpétuelle défense, et qu'ici même, pendant les heures de fête d'un mariage royal, se tramera la Saint-Barthélemy.

Le siècle le plus contrasté se reflète en cette cour des derniers Valois. L'Italie y a introduit le raffinement de ses manières, le luxe de ses ballets et le cynisme de ses bouffons ; mais, si l'on s'y divertit sans mesure, on sait haïr sans merci. Le haut seigneur qui, devant le roi, tient son rôle dans la « bergerie » du carnaval, ira bellement derrière le théâtre poignarder quelque rival. La religion ne parle plus qu'à de grandes âmes, et elles sont rares ; sans doute, les processions dévotes succèdent aux carrousels et aux bals en masque, et l'on chante les psaumes de Marot à tous les coins du Louvre ; quelques esprits sincères cherchent à se concilier ; des mains s'étreignent sur la Bible ; puis le massacre vient conclure le colloque des théologiens.

Malgré la fureur des plaisirs, l'anxiété ronge les cœurs et la guerre civile rôde sur le seuil. Jamais la vie quotidienne n'a été plus dangereuse. C'est celle qu'observe et note en sa mémoire Pierre de Brantôme ; mais il mêle au tragique de ce temps son anecdote graveleuse. L'aventure du jour, véridique ou non, ramassée chez le capitaine des gardes, anime ses entretiens avec « ce grand Monsieur de Ronsard » dont il se vante d'être l'ami. Chaque matin, dans l'antichambre royale, il se charge de l'instruire, avec de bons rires périgourdins, des faiblesses des grands princes et du secret des honnêtes dames.

Un poète, au début de l'enchantement, voit ce monde avec plus d'illusions. Le Vendômois pare le Louvre de ses rois du prestige de l'Olympe. Les princesses sont pour lui des « déités », et les dames, remplies « d'honneur, de grâce et de vertu », et aussi belles que bienfaisantes, ont la mission de rendre les hommes « courtois, vertueux et vaillants ». Jadis, page ignoré, il a passé auprès d'elles des années d'inoffensive adolescence ; il leur revient en pleine gloire, accueilli des rois et de leurs conseillers, et les femmes savent qu'elles lui doivent les plus beaux vers d'amour qu'on ait encore écrits pour des Françaises. Toutes aujourd'hui lui sont favorables. Comment résisterait-il aux sortilèges de ces magiciennes ? Comment se refuserait-il au courant qui l'entraîne dans le bruit et le plaisir ? Les beautés du Louvre, parmi lesquelles hésite son choix, ne font-elles pas les compagnies les mieux plaisantes à son gré ? Il avoue ses goûts et ses occupations d'alors :

> J'aime à faire l'amour, j'aime à parler aux femmes,
> À mettre par écrit mes amoureuses flammes,
> J'aime le bal, la danse et les masques aussi,
> La musique et le luth ennemi du souci.

L'avènement de Charles IX l'a mis au premier rang. Jusqu'à présent, il comptait auprès du Roi des protecteurs ; il a maintenant pour ami le Roi lui-même. Un souverain, encore enfant, qui sait par cœur les nobles conseils d'éducation royale composés pour lui, traite Ronsard avec affection et le veut pour guide en poésie. L'écrivain s'attendrit à le voir si faible, si maladif, voué aux destins menaçants. Il l'aime sans arrière-pensée de courtisan, pour cultiver en lui des germes de bonté et des goûts intelligents. La Reine-mère s'en montre reconnaissante et, régente du royaume, ne lui sait pas un moindre gré des discours de haut vol par lesquels, initié dès les débuts aux desseins de sa politique, il plaît au poète de les servir.

Pendant une quinzaine d'années, ce Ronsard dévoué à ses maîtres et fier d'appartenir à leur maison, se trouve mêlé de tout près aux choses de la cour. Il n'y est pas seulement le fournisseur attitré des cartels et des mascarades, l'ordonnateur de son carnaval et de ses spectacles, il en partage la vie quotidienne, y fait respecter les lettres en sa personne, y fixe naturellement le centre de ses ardeurs et de ses rêves.

Le premier amour qu'il y rencontre n'est fait que du chevaleresque attachement qui lie parfois les poètes aux reines. L'hommage du plus grand s'adresse à la plus charmante qui ait souri chez nous sous le dais du trône. Il est probable que Marie Stuart en devina la nature à travers tant de vers reçus de lui. L'Écossaise était bien la souveraine qu'il fallait aux poètes de la Renaissance. Instruite à chanter leurs vers sur le luth comme à discourir en latin avec aisance, celle qui dès son enfance réserva chaque jour deux heures pour l'étude avait orné son esprit de la science de son temps. Elle n'y perdait rien de ses charmes. Ronsard l'avait vue arriver à la cour de François Ier, petite princesse exilée et souriante, développer étant dauphine les grâces de sa jeunesse, gagner tous les cœurs durant sa royauté éphémère et les conserver dans les chagrins de son veuvage. Il recueillait ses larmes quand elle s'embarquait pour Dieppe pour retourner en son pays, et accompagnait le vaisseau d'une vaine espérance de retour. Plus tard, il compatira à ses malheurs, exhortera les Français à aller délivrer la belle captive. Qu'eût-il écrit, s'il avait pu voir l'horrible fin ?

Marie, dans les brumes de l'Écosse, restait pour lui

la jeune reine au pas léger qu'il suivant aux parterres de Fontainebleau, vêtue de ce deuil royal qui se portait en blanc et qui la faisait si touchante :

Lorsque pensive et baignant votre sein
Du beau cristal de vos larmes roulées,
Triste marchiez par les longues allées
Du grand jardin de ce royal château
Qui prend son nom de la source d'une eau,
Tous les chemins blanchissaient sous vos voiles,
Ainsi qu'on voit blanchir les rondes voiles
Et se courber bouffantes sur la mer…

Ces portraits rapides passent sous sa plume, tout imprégnés d'une tendre mélancolie. Comme il souhaiterait que la reine élue de son cœur quittât le triste château d'Édimbourg « pour habiter son duché de Touraine », en ce royaume qu'elle trouvait de tous le plus plaisant ! Hélas ! Les temps pour elle s'assombrissaient, et la France devait renoncer à voir reparaître le miracle :

Tout ce qui est de beau ne se garde longtemps,
Les roses et les lis ne règnent qu'un printemps…

Tel enthousiasme des poètes ne s'adressa jamais à Catherine de Médicis. Mais le respect et l'admiration que Ronsard lui témoigna, l'historien moderne, mieux informé que jadis, ne songe plus à les lui refuser. La Reine-mère nous apparaît aujourd'hui dégagée de sa légende, c'est-à-dire douée de raison froide et du don de gouverner, étrangère à tout fanatisme, uniquement ardente à défendre, avec le royaume de ses fils, l'indépendance nationale. Fille d'une mère française, cette Médicis a servi la France mieux que les féodaux de son temps qui, sous des prétextes religieux, se la disputaient en la déchirant. Ayant penché d'abord pour les protestants et pour Coligny, qu'elle préférait aux Guise, toute l'action de son règne fut de tenir la balance égale entre des factions pareillement violentes. Le sang d'un jour tragique est pourtant sur ses mains ; mais un crime, si grand soit-il, peut-il faire oublier tant d'années de transactions pacifiques et de lucide sagesse ? Si cette femme, quelquefois trahie et sans cesse menacée, a pu fléchir au poids d'une lourde couronne, elle l'a du moins conservée intacte, en sauvant l'essentiel de notre bien, l'unité française.

En ses noirs atours, qu'elle ne quitte jamais, la veuve d'Henri II reste longtemps belle. Instruite, studieuse, laborieuse aux affaires (Brantôme la voit écrire de sa main « vingt paires de lettres » en une après-dînée), elle trouve le temps de s'intéresser à la poésie et de protéger les artistes. Elle fait travailler orfèvres, émailleurs et tapissiers ; son sculpteur attitré est Germain Pilon, mais elle emploie aussi Jean Goujon, qui fut celui de Diane de Poitiers, avec Philibert de l'Orme, l'architecte qui bâtit Anet pour sa rivale et qui fait pour elle les Tuileries. Dans ses châteaux, elle a des bibliothèques abondantes et de précieux livres d'Italie.

Elle aime, chez les femmes qui l'entourent, l'esprit cultivé autant que les manières sages et honnêtes. Mais sur ce dernier point, elle ne transige pas, et l'on s'est figuré bien à tort que « l'escadron volant » de ses filles d'honneur, toutes choisies aux meilleures familles du royaume, pouvait servir la domination de la reine aux dépens des bonnes mœurs. La cour de Catherine est plutôt sévère sur ce chapitre, et il n'y a qu'à voir les habillements qu'on y revêt pour s'amuser, non sans doute de la vertu, mais de la décence de tout ce qui l'approche. À l'exemple de leur maîtresse, les dames portent, avec la collerette montante, les robes longues et raides, d'étoffe épaisse, les plus propres à dérober le corps. Par ailleurs, sont permises toutes les grâces et s'exercent les plus aimables séductions.

Plus de deux cents jeunes filles, l'élite de la noblesse de France, ont passé dans la maison de la Reine, qui n'en avait jamais autour d'elle moins d'une trentaine. Elles vivaient en commun et dormaient au dortoir, sous la vigilante garde de très haute dame de Montespedon, princesse de la Roche-sur-Yon, qui les formait aux principes de sagesse et aux façons de cour. La musique, la danse, la broderie, occupaient leurs journées, et les jours de fête, elles devenaient de brillantes figurantes de ballet ou tenaient leur rôle dans les comédies.

Brantôme peint avec vivacité le mouvement que ces belles personnes donnaient à la cour. C'était, dit-il, « un vrai paradis du monde et école de toute honnêteté, de vertu, l'ornement de la France, ainsi que le savaient bien dire les étrangers quand ils y venaient ; car ils y étaient très bien reçus, et commandement exprès (de la Reine) à ses dames et filles de se parer lors de leur venue, qu'elles paraissaient déesses, et les entretenir sans s'amuser ailleurs ; autrement elles étaient bien tancées d'elle, et en avaient bien la réprimande ... Pour bien considérer combien il faisait beau voir toute cette belle troupe de dames et damoiselles, créatures plutôt divines qu'humaines, il fallait se représenter les entrées de Paris et autres villes, les sacrées et superlatives noces de nos rois de France et de leurs sœurs, filles de France ..., puis l'entrevue de Bayonne, l'arrivée des Polonais, et une infinité d'autres et pareilles magnificences que je n'aurai jamais achevé de dire, où l'on a vu ces dames paraître les unes plus belles que les autres, les unes plus braves et mieux en point que les autres ; car, en telles fêtes, outre leurs grands moyens, le Roi et les Reines leur donnaient de grandes livrées ... Bref, on n'eût rien vu que tout beau, tout éclatant, tout brave, tout superbe ... car on voyait tout cela reluire dans une salle de bal, au Palais ou au Louvre, comme étoiles en temps serein. »

Le bon chroniqueur, quoiqu'il se défende de « rêver » et de « s'y amuser par trop », énumère avec la prolixité de l'enthousiasme les souvenirs dont il a l'âme ravie. Il se rappelle les dames cheminant aux processions générales, à celle des Rameaux avec leur palme à la main, à celle de la Chandeleur avec leurs flambeaux, « desquels les feux contendaient avec les leurs » ; il les revoit accompagnant la Reine aux rendez-vous de chasse, « montées sur de belles haquenées tant bien harnachées, et elles se tenant à cheval d'aussi bonne grâce que les hommes ne s'y tenaient pas mieux …, leurs chapeaux tant bien garnis de plumes … si que ces plumes voletantes en l'air représentaient à demander amour ou guerre. Virgile, qui s'est voulu mêler d'écrire le haut appareil de la reine Didon quand elle allait et était à la chasse, n'a rien approché au prix de celui de notre Reine avec les dames, et ne lui en déplaise. » Aussi, quel regret de toutes ces splendeurs évanouies ! « Que malheureux fut le jour que telle reine mourut ! »

Présentées dans ce cadre d'existence, Catherine de Médicis compte bien que « ses filles » y rencontreront des maris. Elles ont déjà presque toutes un cavalier-servant publiquement connu. Ce reste des usages de la chevalerie favorise l'intimité entre les sexes et adoucit un peu cette rudesse de mœurs que développent chez les hommes la vie des camps et les guerres presque continuelles. Pour les jeunes nobles, en particulier, il a l'avantage de les initier aux usages courtois, de leur former l'esprit et les manières, et de leur apprendre à connaître et à respecter la femme. Le duc de Bouillon, qui revoit en 1586 la cour de Charles IX à travers les souvenirs de sa jeunesse, raconte ainsi sa présentation au Louvre : « L'on avait, de ce temps-là, une coutume qu'il était messéant aux jeunes gens de bonne maison s'ils n'avaient une maîtresse, laquelle ne se choisissait par eux et moins par leur affection, mais ou elles étaient données par quelques parents ou supérieurs, ou elles choisissaient de qui elles voulaient être servies. » M. de Bouillon s'attacha à la plus belle des blondes, Mlle de Châteauneuf, et « nulle autre personne », dit-il, ne m'a tant aidé à m'introduire dans le monde et à me faire prendre l'air de la cour. »

On peut croire que Pierre de Ronsard recueillit à son tour de gracieux enseignements de ces « belles et honnêtes filles », et que la Reine le vit avec plaisir oublier au milieu d'elles la compagnie un peu mêlée des « gens de lettres ». Son tempérament s'y bridait malaisément ; mais il fallait bien se prêter aux façons de la cour et n'y déclarer ses feux qu'en musique. La Reine veillait à la vertu de ses filles, et même de ses dames. « Tous les jours, en son antichambre, on conversait, on discourait et devisait tant sagement et tant modestement que l'on n'eût osé faire autrement, car le gentilhomme qui faillait était banni et menacé, et crainte d'avoir pis. »

Le poète s'y trouva parfois en situation équivoque. Il ne pouvait, en effet, s'y montrer comme les autres en futur mari, puisqu'il était engagé dans les ordres mineurs, qui lui ouvraient la voie des bénéfices, prieurés ou abbayes. Abus, sans doute, mais parfois bienfaisant, puisque ces revenus, qu'on obtenait ainsi sans être prêtre, faisaient souvent vivre des écrivains et savants qui n'auraient pas eu d'autres ressources. Ronsard était pauvre, et hors d'état de renoncer à des avantages qui assuraient la liberté de son travail ; mais il regretta plus d'une fois le droit qu'il avait au « bonnet rond », alors que, dans le cercle de la Reine, l'élan d'un désir lui révélait celle qu'il eût voulue pour femme.

La jeune fille qui, la première, dans ce monde charmant et singulier, lui donna l'occasion d'une belle amertume, il l'a chantée sous un nom dont le mystère n'est point percé. La suave figure de « Sinope » apparaît en ces quelques vers :

> L'an se rajeunissait en sa verte jouvence
> Quand je m'épris de vous, ma Sinope cruelle ;
> Seize ans étaient la fleur de votre âge nouvelle
> Et votre teint sentait encore son enfance.
> Vous aviez d'une infante encor la contenance,
> La parole et les pas ; votre bouche était belle,
> Votre front et vos mains dignes d'une immortelle…

Ronsard a rêvé cette enfant pour la « chère épousée » à conduire en sa maison. L'obstacle de sa « haute naissance » n'eût pas découragé ses espérances, car il l'aimait, dit Belleau qui sut son secret, « d'une affection presque furieuse ». Un court livret de seize sonnets révèle une passion fougueuse et contenue. Le cœur, cette fois, était pris tout entier et le sacrifice fut douloureux.

Le mariage éloignait d'ordinaire de la cour les filles d'honneur de la Reine. Brantôme assure que la vie dont elles avaient joui leur laissait toujours du regret ; elles ne retrouvaient nulle part pareils avantages, « car elles avaient leur libéral arbitre pour être religieuse, aussi bien de Vénus que de Diane ». La jolie Sinope était vouée à la chaste déesse ; son amoureux dut chercher consolation parmi celles qui choisissaient Vénus pour patronne.

De celles-ci, la plus affichée, la plus capricieuse, est alors Isabeau de La Tour-d'Auvergne, fille du seigneur de Limeuil, des vicomtes de Turenne. Hautaine, impertinente, et d'une grâce provocante, elle requiert les hommages et brave le mauvais renom. Il faut ses hautes parentés, son cousinage avec la Reine, pour que celle-ci la supporte en fermant les yeux. Isabeau de Limeuil est, d'ailleurs, une parure pour « l'escadron » ; elle a les plus beaux yeux et, dans le chant, la voix la plus séduisante ; auprès de Catherine, quand elle tient un flambeau, on croit voir Cypris avec sa torche. Brantôme, qui l'admire, est dans la confidence des amours du poète. Ronsard, en effet, a été très vite sous le charme et a longtemps espéré ce que d'autres ont aisément reçu. La conquête augmentait son prix de tout ce que la vanité ajoute au désir. La grande dame voulait être priée humblement par ce petit gentilhomme, qui n'y manquait point :

Car, quand je vois le lien que vous avez,

54

Ce que je puis et ce que vous pouvez
Et en quel rang êtes ici tenue,
Ma petitesse et votre grand value,
Et que mon sort au vôtre n'est égal,
Amour adonc qui redouble mon mal
Me désespère, et la bride retire
À mon penser qui vainement désire.

C'était pourtant le même Ronsard qui disait fièrement à une autre orgueilleuse :

Vous ne devez pourtant, et fussiez-vous princesse,
Jamais vous repentir d'avoir aimé Ronsard !

Lorsqu'Isabeau de Limeuil se laisse toucher, le printemps de Fontainebleau couronne les vœux de l'amoureux ; mais sa joie reste discrète et s'exprime plutôt en inquiétude. Voici des vers dont Corneille retrouvera l'accent pour Psyché :

J'ai peur que votre amour par le temps ne s'efface,
Je doute qu'un plus grand ne gagne votre grâce,
J'ai peur que quelque dieu ne vous emporte aux cieux,
Je suis jaloux de moi, de mon cœur, de mes yeux,
De mes pas, de mon ombre, et mon âme est éprise
De frayeurs si quelqu'un avecque vous devise...

C'était en 1563. François de Guise venait d'être assassiné devant Orléans. Ronsard vivait ses années les plus ardentes dans la fièvre des discordes politiques. Il avait même, l'été précédent, pris les armes pour défendre sa province de Vendômois ravagée de pillages et de sacrilèges par les bandes huguenotes. Lui qui haïssait la guerre s'était placé à la tête des combattants, non sans essuyer mainte arquebusade. Son élève Agrippa d'Aubigné, qui va se battre dans l'autre camp, ne l'en estimait que davantage : « Gentilhomme de courage, disait-il, et à qui les vers n'avaient pas ôté l'usage de l'épée. » Mais on voit quelle faiblesse ressaisissait son cœur au sortir des batailles.

Ce poète ne pouvait être qu'un caprice pour une Limeuil, avide d'autres destins. Un prince du sang,

55

Condé lui-même, fut l'heureux rival de Ronsard. Celui-ci en détesta davantage le parti religieux dont le chef était ce joli petit homme, ambitieux et débauché, qui le supplantait auprès de sa maîtresse. La demoiselle se croyait d'assez bon lignage pour être épousée ; mais un scandale trop éclatant la fit congédier par la Reine. Peu après, Condé rompit pour se marier avec Françoise d'Orléans. Quand il réclama son portrait, et même ses joyaux, Isabeau renvoya le portrait enrichi soigneusement d'une paire de cornes ; Ronsard était deux fois vengé.

Il souhaitait consoler la délaissée, tandis que celle-ci ne songeait qu'à rentrer à la cour. Elle eut sa grâce le jour où elle épousa un banquier du roi, Scipion Sardini, un de ces étrangers enrichis en France que le poète traitait de haut. Pierre aimait toujours Isabeau. On le voit à cet âpre récit du mariage auquel il eut le dépit d'assister. Tout y torture ses sens et son orgueil :

> J'oi le peuple amassé qui bruit devant l'église,
> J'oi les hautbois sonner et la pompe devant,
> Je vois ces beaux cheveux éparpillés au vent.
> C'est elle, je la vois, je connais son visage,
> Qui m'a tenu quatre ans en l'amoureux servage.
> Je reconnais ses yeux, je vois comme dedans
> Amour forge ses traits et ses flambeaux ardents…
> Faut-il qu'un étranger me ravisse ma dame,
> Faut-il qu'un autre corps jouisse de mon âme ?...

Pendant cette cérémonie cruelle, il vouait le ménage aux querelles et aux malheurs, appelait auprès du lit nuptial les sorcières et les Furies avec tous leurs maléfices. Et surtout, il nourrissait sa jalousie d'images ardentes ; il déliait en pensée ces cheveux ;

> que d'amour fol
> J'ai baisés et liés mille fois à mon col ;

Il murmurait peut-être, avec colère, ces strophes publiées naguère « en faveur de Mlle de Limeuil », et qui respirent tous les effluves du printemps et de la jeunesse, la plus vive, la plus brûlante de ses chansons :

Quand ce beau printemps je vois,
    J'aperçois
Rajeunir la terre et l'onde
Et me semble que le Jour
    Et l'Amour
Comme enfants naissent au monde...

Pour effacer mon émoi,
    Baise-moi,
Rebaise-moi, ma déesse !
Ne laissons passer en vain
    Si soudain
Les ans de notre jeunesse.

Il existe de « Madame de Sardini » un crayon aux traits reposés, où l'on sent l'apaisement de l'âge et la sécurité d'une existence fixée. Celui de Françoise d'Estrée, qui fut l'Astrée de Ronsard, est plus inquiétant. Sous la coiffe rigide aux oreilles cintrées, s'encadre un front volontaire, et des yeux durs vous regardent longuement ; ils veulent votre secret et ne disent pas le leur.

Ronsard non plus ne l'a pas dit. Nous connaissons de Cassandre ou d'Isabeau tout ce qu'il nous importe de connaître. D'Astrée, nous savons surtout qu'elle aida notre poète à aiguiser, pendant trois mois, la jalousie de cette Limeuil. Elle alluma pourtant en lui une de ces hautes flammes rapidement éteintes, qui montaient brusquement de son cœur devant la beauté.

Françoise d'Estrée, marquise de Cœuvres, était pourvue d'un mari qui ne la gênait guère. Elle était tourangelle, de cette famille des Babou de la Bourdaisière où toutes les femmes étaient galantes, et l'une de ses filles fut la Belle Gabrielle d'Henri IV. Ronsard l'avait rencontrée maintes fois mais, comme il arrive, elle ne lui fut révélée qu'un soir, à Fontainebleau, quand il la vit apparaître dans un de ces costumes de théâtre où revivaient, pour les divertissements de la cour, la mythologie des anciens et la chevalerie des ancêtres. On représentait un cartel à la française, évocateur d'exploits héroïques, et Françoise, de ses belles mains baguées, armait un chevalier de la légende :

> Heureux cent fois, toi chevalier errant,
> Que ma maîtresse allait hier parant !...
> Que plût à Dieu pour avoir ce bonheur
> Avoir changé mes plumes à ta lance !

Les sonnets pour Astrée ne sont qu'un hymne à la beauté, sans violence de désir, sans vaine espérance, sans autre trouble que le tremblement sacré du dévot devant son idole. Celle-ci a reçu le don souverain ; qu'y pourrait ajouter la surcharge des parures de cour ?

> De quoi te sert mainte agathe gravée,
> Maint beau rubis, maint riche diamant ?
> Ta beauté seule est ton seul ornement,
> Beauté qu'Amour en son sein a couvée.
> Cache ta perle en l'Orient trouvée,
> Tes grâces soient tes bagues seulement…

Le poète n'attend rien, ne sollicite pas. Il se contente de quelques louanges, du laurier porté un soir en son honneur sur une tête altière, d'un brin de romarin offert avec un sourire. Plus précieux auraient été quelques fils dérobés à cette chevelure d'or, que démêle sous les doigts d'une chambrière le peigne dont il est jaloux :

> Mais je ne puis, car le peigne fidèle
> Garde sa proie, et puis la demoiselle
> Serre le reste et me l'ôte des doigts.
>
> O cruauté, ô beautés trop iniques !
> Le pèlerin touche bien aux reliques
> Par le travers d'une vitre ou d'un bois.

On sait comment périt cette merveille. C'est une anecdote sanglante du temps d'Henri IV. L'ancienne Astrée vit à Issoire en Auvergne, avec son dernier amant, le marquis d'Alègre, qui gouverne la ville au nom du roi et s'y fait haïr pour sa tyrannie. Elle-même insulte par son luxe et son insolence à la misère des habitants. Un jour de révolte populaire, les gens prennent la forteresse pour tuer, disent-ils, « le chien et sa chienne » ; ils abattent Alègre à coups de couteau, pourchassent la femme dans la ruelle de son lit et livrent son cadavre aux risées obscènes. Ainsi finit celle que Ronsard, aux fêtes de Charles IX, admirait « en habit de Déesse. »

Belle pour plaire aux délices d'un roi.

V. – Hélène de Surgères

Ronsard a vieilli très vite. Les veilles, le plaisir, l'intense vie de l'esprit l'ont usé. Il passe à la campagne deux années de repos (1568-1570), se partageant entre le Vendômois et la Touraine. La compagnie des Muses lui suffit.

Des bruits cependant lui parviennent de la cour et de Paris. Les poètes continuent à y briller, et l'un d'eux s'annonce comme un rival. Ce Philippe Desportes, qui fut à son école, commence à répandre des vers d'un style nouveau, dans le goût italien qui gagne chaque jour et dont les femmes raffolent. Auprès d'elles, la primauté du maître est-elle en péril ? Cassandre et Marie lui gardent-elles toujours les cœurs féminins ? Quand il reparaît, tout dédaigneux qu'il soit, il se sent obligé de se défendre avec un chef-d'œuvre.

Le chef-d'œuvre naîtra ; il répondra aux *Amour d'Hippolite* de Desportes par les immortels *Sonnets pour Hélène*. Le poète y conte une très noble histoire de sentiment, plus précise, plus circonstanciée que les précédentes, celle d'un homme d'âge, n'ayant recherché tout d'abord qu'un thème littéraire et s'enchantant peu à peu au charme d'une liaison intellectuelle.

Le nom d'Hélène de Surgères n'a rien de mystérieux. C'est celui d'une jeune fille qui vit auprès de Catherine de Médicis, dans ce milieu des filles d'honneur où Ronsard a aimé déjà de façons diverses. La baronnie de Surgères est au pays d'Aunis. Au milieu du XVe siècle, un gentilhomme de la maison espagnole de Fonseca l'a eue par son mariage avec l'héritière, Louise de Clermont. Leur petit-fils, René de Fonsèque, baron de Surgères, a épousé Anne de Cossé-Brissac, sœur du célèbre maréchal qui fut vice-roi du Piémont au temps des campagnes d'Italie. Anne de Cossé était une femme remarquable, d'un esprit vif et lucide ; on en juge par les lettres qu'elle écrivait à son frère le maréchal pour l'entretenir des choses de la cour et de la conduite de leurs affaires. Elle eut un fils, Charles de Fonsèque, baron de Surgères, chevalier de l'ordre du roi, gentilhomme ordinaire de la Chambre, conseiller d'État, capitaine d'une cinquantaine d'hommes d'armes, et une fille, qui ne se maria point : l'Hélène de Ronsard.

Hélène tenait donc des deux noblesses française et espagnole. Ronsard aime rappeler à sa « belle Saintongeoise » le « sang ibérien » qui coule dans ses veines. Elle est née au commencement du règne d'Henri II. L'année reste incertaine, mais comme un poète donne volontiers des détails superflus, le nôtre, célébrant le jour anniversaire de cette naissance, nous apprend que ce fut un 9 avril. Par lui encore, nous savons qu'Hélène passa son enfance dans le Piémont, pendant la vice-royauté de son oncle maternel.

Elle est à la cour en 1566, comme « fille damoiselle », aux gages de 200 livres, portés à 400 quand elle figure comme « fille de chambre » de la Reine. On la voit inséparable de ses deux cousines, Diane et Jeanne de Brissac, filles du maréchal, et liée d'une intimité particulière avec la seconde, dont le caractère calme et sérieux s'accorde avec le sien. La mort enlève à ce petit groupe une quatrième compagne, Mlle de Bacqueville, sage et savante jeune fille appartenant comme ses amies au service de la Reine. En 1569, ces enfants ont encore à pleurer le frère des deux sœurs, Timoléon de Cossé, tué devant Mussidan, qui donnait aux armes françaises des espérances dignes de son nom. C'est ensuite un autre deuil qui atteint plus directement le cœur d'Hélène : dans la même guerre de religion périt son fiancé, Jacques de la Rivière, capitaine des gardes, et les vers de consolation que lui dédie Amadis Jamyn sur la mort de son « amy » peignent ses sentiments sous des couleurs assez vives.

De bons poètes d'alors, Desportes comme Jamyn,

commencent à célébrer ces jeunes filles. Ils ont entouré de bonne heure ces trois cousines, qui aiment à lire et à étudier ensemble ; ils apprécient leur jugement, développé par la connaissance des langues parlées à la cour, l'espagnole et l'italienne. Baïf compose une longue pièce pour les féliciter de préférer aux plaisirs courtisans les graves joies de l'étude, et pour recommander ses livres à leur gracieuse protection :

Souci des Muses immortelles,
O pair de compagnes fidèles,
Qui, outre le sang qui vous joint,
Vous belles et bonnes cousines,
Sentez mêmes grâces divines
Sous même désir qui vous point !
Quand, du vrai savoir curieuses,
Je vous vois toujours studieuses
Tenir quelque livre en la main,
En langue nôtre ou étrangère,
Nymphes de Brissac et Surgères,
Que vous ne feuilletez en vain…

Ces livres qui forment l'esprit de cette jeunesse, nous en savons l'étrange substance. C'est la littérature morale et poétique qui transmet au siècle de la Renaissance la doctrine néoplatonicienne de l'amour. De la *Parfaicte Amye d'Héroet* aux dialogues *De l'Amour* de Léon Hébreu, il n'y a de différence que dans le degré de l'exaltation. La Beauté sur la terre est une émanation directe de l'harmonie divine. L'amour vrai ne se satisfait que par l'union des âmes, à l'exclusion de la chair. L'amante parfaite est celle qui domine et purifie les passions des hommes. Cet amour spirituel est tout sourire et toute joie. Mais, selon des thèses raffinées, sa fin suprême ne peut être que Dieu lui-même ; par les vertus intellectuelles qu'il développe dans l'âme humaine, il la prépare merveilleusement à la contemplation éternelle. Comme l'élève d'Horace et d'Anacréon est loin de ces visions surhumaines ! Et quels malentendus l'attendent dans la voie nouvelle où il va s'engager !

Est-ce Catherine de Médicis, ainsi qu'Hélène voudra plus tard le laisser croire, qui l'a désignée au poète comme particulièrement digne de ses chants ? Est-ce la voix publique, qui l'appelle familièrement « la Minerve » ou, comme dit Brantôme, « la docte de la cour » ? Croyons plutôt à l'instinct d'un choix qui va royalement à la plus parfaite. Il a remarqué cette jeune fille, au teint mat, aux longs cheveux presque noirs, sans traits souverains, mais douée du charme des brunes aux yeux bleus. Il avait pu l'apercevoir dans les jardins, seule, un livre à la main, traduisant ou récitant des vers. Un mot suffit à l'y peindre :

Regarde-la marcher toute pensive à soi…
Pressant dessous ses pas les herbes bienheureuses.

Hélène aussi connaissait Ronsard. Dès son arrivée à la cour, ses compagnes le lui avaient montré parmi les courtisans où le distinguait moins sa prestance de gentilhomme que son beau regard de poète. Avec les autres, elle chantait ses vers, vêtue en nymphe ou en sirène, à Saint-Germain ou à Fontainebleau. On peut croire qu'à lire les poèmes pour Cassandre, plus d'une fois elle se prit à envier sa renommée. Elle avait aimé ; mais le jeune capitaine de qui elle fut la fiancée n'aurait pu lui donner ce qu'une femme lettrée comme elle devait désirer. Par l'exemple de Laure, dont toutes les dames de ce temps ont envié l'honneur, elle savait ce que vaut l'amour des poètes quand ils ont assez de génie pour en imposer le respect aux temps à venir. Pierre de Ronsard étant de ceux qui disposent des grandes couronnes, Hélène comme tant d'autres désirait confusément être choisie.

Au mois de mai 1572, la cour revenait de Touraine, ayant séjourné près d'un an à Amboise, à Blois et à Chenonceau. Par ce printemps léger de Paris, Hélène se promenait aux Tuileries, le beau jardin particulier de la reine Catherine, orné de labyrinthes et de fontaines et planté dans un ordre parfait. Le château en construction apparaissait à travers les arbres, et plus loin les tours du vieux Louvre, que joignait le bâtiment nouveau. Les barques passaient sur la Seine, qui baignait les murs du jardin royal. Au bord d'une eau jaillissante, Hélène était assise avec une amie. Ronsard saisit cette occasion de lui parler. Il vint auprès d'elle, et elle l'interrogea sur ses nouveaux poèmes, d'une voix chantante qui le charma. Il parla surtout de ses tristesses, de ses ennuis de courtisan et d'écrivain, et soutint que, si l'on pouvait se passer de gloire, on ne peut se passer d'amour. Hélène écoutait, émue et déjà conquise. Il lui rappela une église où il avait pris la hardiesse de contempler ses yeux, ce qui n'était peut-être qu'une réminiscence de Pétrarque ; et quand vint enfin, sur les lèvres du poète, l'aveu qu'elle attendait, elle sourit sans répondre.

Elle eût préféré, sans doute, que tout cela s'enveloppât des subtilités à la mode et de dissertations préalables « sur la nature de l'amour ». La véhémence de Ronsard avait, d'un seul coup, jeté bas ces frêles obstacles. La jeune compagne ne suivait qu'à demi leur discours, et les interrompait sans cesse. Malgré l'importune présence, le poète fut si heureux de cette première causerie que, longtemps après, il en fixe avec précision tous les détails, comme s'il voulait ne rien perdre de ces souvenirs.

De ce jour, Pierre s'attacha aux pas d'Hélène. Mais il l'aima d'abord sans passion ; la « vertu » seule de son amie la faisait choisir pour l'objet de ses vers :

Ce premier jour de mai, Hélène, je vous jure
Par Castor, par Pollux, vos deux frères jumeaux…
Et par les rossignols, miracle des oiseaux,
Que seule vous serez ma dernière aventure.
Vous seule me plaisez ; j'ai par élection
Et non à la volée, aimé votre jeunesse…
La vertu m'a conduit en telle affection.

Bien que le mot de « vertu » n'ait pas tout à fait, au

XVIe siècle, le sens purifié de nos jours, et qu'il garde quelque chose de la *virtu* un peu païenne de la Renaissance d'Italie, il implique avant tout la hauteur de l'âme et la noblesse des désirs. Hélène y ajoutait une chasteté souriante qui étonnait un peu le poète et lui présentait un charme de plus :

> La chasteté qui est des beautés ennemie,
> Comme l'or fait la perle honore son printemps…
> Le siècle où tu naquis ne te connaît Hélène
> … Il met comme ignorant les vertus à dédain.

Cette âme charmante, révélée à Ronsard par le son de la voix, était singulièrement mélancolique. Elle aimait, entre tous, les poèmes, assez rares en son temps, qui parlaient au cœur pour l'apaiser ; elle avait dû goûter pleinement certains sonnets de Joachim du Bellay et les lire quand elle était seule, « toute pensive à soi » ; elle choisissait de préférence, pour en écouter l'écho, les grands vers tristes de Ronsard :

> Nous promenant tout seuls, vous me dîtes, maîtresse,
> Qu'un chant vous déplaisait s'il n'était doucereux ;
> Que vous aimiez les plaints des chétifs amoureux,
> Toute voix lamentable et pleine de tristesse.
>
> « Et pour ce (disiez-vous) quand je suis hors de presse,
> Je choisis vos sonnets qui sont plus douloureux ;
> Puis, d'un chant qui est propre au sujet langoureux ;
> Ma nature et l'amour veulent que je me paisse. »

Au milieu de cette cour bruyante et frivole, Hélène souffrait. L'intrigue et la violence habitaient ce Louvre brillant, où l'existence la plus parée n'était qu'esclavage. Cérémonies, divertissements, voyages, la fatiguaient. Plus d'une fois, elle rêva le repos du cloître, les jeûnes et les oraisons qui mettent l'âme en pleine liberté. Ronsard était le confident de pensées secrètes, qui répondaient aux siennes ; lui-même, souvent, quittait la cour pour la campagne où il pouvait rimer en paix et vivre dans la compagnie des livres. Sa présente carrière de courtisan l'assujettissait à de mesquines et humiliantes contraintes. Charles IX les adoucissait, en ami ; mais, dans l'entourage des princes, ignorance et prétention ne sauraient manquer, et mainte fois le poète y fut froissé dans son orgueil. Il se redressait de toute sa gloire, et malheur alors à qui l'avait blessé ! Ce n'est pas seulement à d'obscènes pamphlétaires, armés par la haine politique, que sait répondre l'ironie hautaine du maître ; c'est souvent un « mignon de cour », « frisé, fardé », et moqueur des poètes, que soufflette sa verve sans pitié.

Que de fois Hélène l'a consolé, lui a rendu courage dans la lutte ! C'était dans les réduits discrets de Saint-Germain, sous les rayons colorés des verrières que le soleil traversait « pour voir Hélène », à n'en pas douter ; c'était dans ce coche qui les menait aux environs des résidences royales, « raisonnant de l'amour » ; c'était dans les parterres du jardin où pour la première fois ils avaient parlé avec abandon. On les évoque volontiers au Louvre neuf, accoudés l'un près de l'autre aux grandes fenêtres donnant alors sur la campagne. Hélène est vêtue du costume du temps, la robe montante, bouffante aux épaules, et la collerette en fraise sous le menton ; ses cheveux, relevés au-dessus des tempes par des arcelets, sont serrés dans un réseau d'or et de soie. Ronsard porte la cape à l'espagnole, l'épée au côté et la toque ronde à plume sur ses cheveux gris. Leur conversation familière se prolonge jusqu'au soir ; ils oublient leur peine quotidienne, la vie fiévreuse qui recommencera demain ; ils se donnent l'illusion de la solitude et de la paix des champs :

> Laisse-moi cette cour et tout ce fard mondain…
> Demeure en ta maison pour vivre toute tienne.

Tels sont les conseils, bien chimériques, que Ronsard adresse à Hélène, et voici des vers, où l'émotion se contient, qui résument certainement une de leurs causeries :

Vous me dîtes, maîtresse, étant à la fenêtre,
Regardant vers Montmartre et les champs alentour :
« La solitaire vie et le désert séjour
Valent mieux que la cour, je voudrais bien y être... »

Ronsard allait rendre visite à Hélène dans sa chambre. Elle demeurait au plus haut étage du Louvre, où se trouvaient les logements des filles d'honneur :

Je ne serais marri si tu comptais ma peine
De compter tes degrés recomptés tant de fois ;
Tu loges au sommet du palais de nos rois ;
Olympe n'avait pas de cime si hautaine.
Je perds à chaque marche et le pouls et l'haleine,
J'ai la sueur au front...

Il arrive donc tout essoufflé, et peut-être de méchante humeur, mais une intimité incomparable le paye de la fatigue et, quoiqu'il se plaigne du dédain et de la froideur qui l'accueillent, on peut croire qu'il n'y est jamais trop malheureux. Un matin, il assiste à la toilette de la jeune fille ; à ce moment, sans doute, la « laide et sotte demoiselle », servante de la déesse, a fermé ses yeux « d'Argus ». Il voit dérouler, comme autrefois ceux d'Astrée, les cheveux fins et « subtils »,

Qui coulent aux talons
Entre noirs et châtains, bruns, déliés et longs.

et dont il voudrait faire à son cou un lien symbolique. Un jour, tout en causant, il entoure le bras d'Hélène d'un fil de soie rouge, comme il souhaiterait, lui dit-il, enchaîner sa fantaisie ; une autre fois, il boit après elle dans une tasse où elle aurait versé son cœur. Il voit auprès d'elle des fleurs et des herbes, qu'elle a cueillies afin d'en étudier les vertus ; il se demande si ces plantes ne sont pas pour le guérir d'amour :

Certes, je crois que non ; nulle herbe n'est maîtresse
Contre le coup d'Amour envieilli par le temps.

67

C'était pour m'enseigner qu'il faut de la jeunesse
Comme d'un usufruit prendre son passe-temps,
Que pas à pas nous suit l'importune vieillesse
Et qu'Amour et les fleurs ne durent qu'un printemps.

C'est peut-être chez Hélène qu'a été composée la jolie chanson :

Quand je devise assis auprès de vous...

Et cette autre au rythme admirable :

... Dans les Champs-Élysées une même navire
    Nous passera tous deux.
Là, morts de trop aimer, sous les branches myrtines,
    Nous verrons tous les jours
Les héros près de nous avec les héroïnes
    Ne parler que d'amours...
Et celles qui s'en vont toutes tristes ensemble,
    Artémise et Didon,
Et cette belle Grecque à qui ta beauté semble
    Comme tu fais de nom.

La jeune fille était maladive, d'un sang appauvri. Au mois d'août, Ronsard la trouvait assise auprès d'un feu, ne pouvant parvenir à s'y réchauffer, « toute pâle en une robe grise ». « Je tremble, disait-elle,

Tout le corps me fait mal et vivre ne n'ai pu
Saine depuis dix ans, tant l'ennui me tient prise.

D'autres fois, elle le recevait étant au lit, élégamment coiffée et plus séduisante encore dans son alanguissement de femme souffrante :

Quand l'été dans ton lit tu te couches malade,
Couverte d'un linceul de roses tout semé...
C'est un plaisir de voir tes cheveux arrangés
Sous un scofion peint d'une soie diverse,
Voir deçà, voir delà, tes membres arrangés
Et ta main, qui le lit nonchalante traverse,
Et ta voix qui me charme et ma raison renverse
Si fort que tous mes sens en deviennent changés.

Hélène venait voir Ronsard à son tour, quand il ne

pouvait sortir. Elle se faisait conduire chez lui, obligée d'aller chercher la Seine au Pont-au-Change, puis au Pont-Saint-Michel, pour gagner la montagne Sainte-Geneviève. C'était fatigue bien récompensée, car le poète chante les visites de sa maîtresse avec autant de gratitude que celles de la Reine et du Roi à sa maison de Touraine. Même en santé, il ne traversait pas l'eau tous les jours ; ses amis, ses travaux le tenaient sur la rive gauche. Il écrivait ; quand trois jours passaient sans réponse d'Hélène, il devenait tout triste ou prêt à l'invective ; il dépêchait alors son secrétaire Jamyn, qui rapportait des nouvelles.

Hélène accompagnait la cour dans ses voyages. Lorsqu'elle séjournait à Saint-Germain, Ronsard l'allait voir. Il partait de bonne heure, seul, à cheval, passait aux bacs de la Seine et la rejoignait au château. Mais, lorsque la cour était au loin ou résidait sur les bords de la Loire, la séparation pouvait être de plusieurs mois. S'il arrivait à la jeune fille de retourner à Paris pour les affaires de la Reine, elle ne manquait pas d'en prévenir Ronsard. Moins heureux sur ce point que ne le fut Pétrarque, il lui demanda vainement son portrait. Un soir, au moment où il quittait le Louvre, elle promit de lui remettre le lendemain ce souvenir auquel il tenait si fort ; mais elle partit de nuit avec la reine, sans y penser davantage. Il y vit un affreux manque de parole :

Ni ta simplicité, ni ta bonne nature,
Ni même ta vertu, ne t'ont pu garantir
Que la cour, ta nourrice, école de mentir,
N'ait dépravé tes mœurs d'une fausse imposture...

Mais lui-même n'était pas sans reproche. Durant les galantes conversations, au milieu des dames, dans l'antichambre de la Reine, et surtout aux heures de solitude à deux, le poète, aux pieds d'Hélène, oubliait l'austérité de sa jeune amie pour baiser trop ardemment de belles mains qui le repoussaient. Parfois, le délit restait impuni, mais il pouvait l'être de façon cruelle.

Un jour, Hélène était assise auprès de sa cousine quand Ronsard passa et s'arrêta pour les saluer. Jeanne de Brissac voulut bien le regarder ; Hélène ne daigna pas lever les yeux, et le poète en fut pour un sonnet qui chanta sa peine.

N'était-il pas volage, au reste ? disait Hélène ; n'avait-il pas d'autres amours ? Pareil à Tibulle qui ne regardait plus aucune femme depuis qu'il avait vu Délie, Ronsard n'admettait même pas que la question fût posée :

> Injure plus mordante au cœur je ne reçois,
> Car douter de ma foi c'est crime d'hérésie.

Il y a dans les *Sonnets pour Hélène* des vers d'une passion assez brûlante et d'un désir assez opiniâtre. La jeune fille y répondait par un désintéressement au moins orgueilleux. « Je n'aime point Vénus », ajoutait-elle, et l'on voit assez que, sur les choses de l'amour, sa pensée s'égarait en d'autres sphères. Il fallait se résigner, pour l'adoucir, à écouter avec patience les thèses du néo-platonisme que cette enfant maniait avec dextérité ; mais pouvait-elle convaincre ?

> Vous dites que l'Amour entretient ses accords
> Par l'esprit seulement : – hé ! je ne le puis croire,
> Car l'esprit ne sent rien que par l'aide du corps !

Le poète s'étonnait de trouver en cette jolie tête un cerveau aussi muni, « séjour de science », et redoutait ce jeune visage où s'enflammait, au moindre écart, le courroux pudique. À la fin, cependant, Hélène paraît gagner sa cause ; Ronsard rend les armes ou, du moins, reconnaît de bonne grâce que la pureté convient aux affections tardives de la vie :

> J'errais à la volée, et sans respect des lois,
> Ma chair, dure à dompter, me commandait à force,
> Quand tes sages propos dépouillèrent l'écorce
> De tant d'opinions frivoles que j'avois.
> En t'oyant discourir d'une si sainte voix,

Qui donne aux voluptés une mortelle entorse,
Ta parole me fit par une douce amorce
Contempler le vrai bien duquel je m'égarais.

La chasteté de cette liaison n'en a pas exclu la jalousie. Le poète est défiant, il n'aime pas « comme on aime à la cour » ; il s'inquiète des sourires qui ne vont pas à lui ; il rappelle qu'il ne veut pas de partage :

L'amant, non plus qu'un roi, de rival ne demande.
Vous aurez en mes vers un immortel renom ;
Pour n'avoir rien de vous, la récompense est grande.

En imitant Properce, il livre sa propre pensée :

Mon ombre me fait peur, et, jaloux, je ne puis
Avoir un compagnon, tant amoureux je suis
Et tant je m'essencie à la personne aimée.

Son Hélène était spirituellement entourée. Il savait trop que, pour être aimé, la jeunesse vaut mieux que le génie. « La gloire est pour un vieil homme ce que sont les diamants pour une vieille femme : ils la parent et ne peuvent l'embellir. » C'est l'aveu, dans les *Mémoires d'outre-tombe*, d'un grand vieillard qui a aimé beaucoup ; bien qu'il ait à peine passé la cinquantaine, Ronsard se plaint de même plus d'une fois. Il souffre lorsque Hélène danse aux ballets du Louvre et reçoit pour sa grâce les compliments de tous. Quand elle le quitte, interrompant le propos commencé, pour répondre au salut d'un jeune seigneur, les paroles les plus banales de son accueil, les formules les plus ordinaires semblent au poète des légèretés ou des trahisons. Ces chagrins inavoués châtient celui qui s'obstine à oublier l'heure.

Comme les vrais mélancoliques, Hélène sent parfois le besoin d'échapper à soi-même. Elle a des instants de gaieté très vive qui peuvent tromper ; Ronsard lui reproche avec amertume d'aimer le carnaval : « Je

71

souffre, lui dit-il,

Tandis que vous dansez et ballez à votre aise
Et masquez votre face ainsi que votre cœur…

Sans être coquette, elle connaît le prix de son charme tant célébré, et peut-être fut-elle trop louée :

Elle se glorifie en ses cheveux frisés,
En sa verte jeunesse, en ses yeux aiguisés.
Pourquoi te braves-tu de cela qui n'est rien ?
Les beautés en un jour s'en vont comme les roses.

Ce qui demeure, c'est le don de la Muse, l'honneur qu'il attache à un nom :

Longtemps après la mort, je vous ferai revivre :
Vous vivrez et croîtrez comme Laure en grandeur.
Au moins tant que vivront les plumes et le livre !

Et sans regarder si loin dans la postérité, à qui donc Hélène doit-elle sa renommée présente ?

Les dames de ce temps n'envient ta beauté
Mais ton nom tant de fois par les Muses chanté,
Qui languirait d'oubli si je ne t'eusse aimée.

C'était une véritable gloire que ces petits poèmes donnaient à Hélène. Ils étaient lus et relus au Louvre, comme des chefs-d'œuvre. Les dames en prenaient des copies ; la Reine-mère en réclamait la primeur ; Charles IX surtout, plus sincèrement épris de vers que sa mère, emmenait l'auteur dans son cabinet pour lui faire réciter son dernier sonnet pour Mlle de Surgères. Grands motifs de vanité à coup sûr et dont Ronsard s'inquiète. Il croit que l'affection qu'on lui témoigne est intéressée ; il en veut à cette jeune ambitieuse,

Qui ne m'aime sinon pour avoir des chansons…
Elle a de nos chansons et non de nous souci !

Le caprice autant que l'indifférence le tourmente ;

une autre serait moins fantasque et sans doute apitoyée :

> J'étais vraiment un sot de te prier, maîtresse…
> Tu m'as très mal payé pour avoir bien servi…
> Maîtresse, je n'ai pas les cheveux si grisons
> Qu'une autre de bon cœur ne prenne votre place.

Un plus tendre sentiment vint tardivement chez Hélène. Longtemps son poète lui avait reproché de répondre à l'amour par l'amitié. Après cinq ans, il attendait encore. Il ne comprenait pas que, vivant parmi les dames les plus avenantes et les plus beaux cavaliers, accoutumée à ce milieu galant et facile, Hélène résistât. Il est impossible, disait-il, étant jeune et belle comme les autres dames,

> Que votre cœur gentil d'amour ne soit ému,
> Sinon d'un grand brasier, au moins d'une étincelle.

Elle avait accepté, peut-être par orgueil, les hommages de Ronsard et l'offrande si loyale de sa passion. Mais, un jour, peu de temps avant leur séparation, la reconnaissance fit naître la tendresse. « Le ciel le veut », dit-elle. Il était bien tard pour s'en aviser. Pourtant, la jeune malade donna à son vieil ami cette douloureuse consolation :

> Prenant congé de vous dont les yeux m'ont dompté,
> Vous me dites un soir, comme passionnée :
> « Je vous aime, Ronsard, par seule destinée ;
> Le ciel à vous aimer force ma volonté. »

Il importe peu qu'on ait prononcé des serments solennels sur une table de feuillage avec une pompe à la romaine, inventée par Ronsard. Les mots échappés à Hélène ne valent-ils pas tous les serments ? L'aveu, si longtemps imploré par le poète, vient d'être fait ; Cassandre ni Marie n'ont jamais dit si douce parole.

En 1572, Charles IX épousa Élisabeth d'Autriche et la Reine fut couronnée à Saint-Denis. Il y eut deux entrées triomphales dans Paris, celle du Roi, le 6 mars, et celle de la Reine le 29. Le cortège entra par la porte Saint-Denis, où se dressait un arc de triomphe de feuillage avec des statues allégoriques et des inscriptions françaises et latines de Ronsard et de Dorat. La rue Saint-Denis était pavoisée. Le pont Notre-Dame, que traversait Élisabeth pour se rendre à l'église, était couvert de ses armoiries, chiffres et devises. À la suite des musiciens et des deux cents gentilshommes de la Maison du Roi, venait la Reine « habillée de surcot d'hermine, couvert de pierreries », dans une litière découverte dont le fond était tendu de toile d'argent traînant à terre. À sa droite et à sa gauche chevauchaient le duc d'Anjou et le duc d'Alençon, frères du roi. Derrière la litière royale, la duchesse de Lorraine et Madame Marguerite, sœurs du roi, et les duchesses de la cour allaient « sur haquenées blanches ». Les damoiselles de la Reine, vêtues de toile d'argent, suivaient dans des chars. Hélène ne faisait point partie du cortège, mais elle put le voir défiler, au milieu des acclamations de la foule, d'une fenêtre de la rue Saint-Denis, auprès de son ami Ronsard, qui avait collaboré à l'ordonnance des fêtes et donné ses idées pour la décoration de la ville.

Elle dut figurer, au contraire, au banquet offert par la Reine-mère, en son château des Tuileries, à son fils, le nouveau roi de Pologne, et aux ambassadeurs polonais venus pour notifier l'élection. Cette fête, qui eut lieu au mois d'août 1573, fut une des plus célèbres de l'époque. À la fin du repas s'avança, en face des rois et des reines, au son de la musique d'Orlande, un grand rocher artificiel couleur d'argent, de vingt-six pieds de haut, où étaient ménagés dans des niches seize sièges pour seize filles d'honneur de la Reine. Elles symbolisaient les nymphes des diverses provinces du royaume, et aussi la France, la Paix et la Prospérité. L'une d'elles, « la Nymphe de France », se leva et se mit à chanter les louanges du nouveau roi ; c'était une ode de Ronsard. Puis toutes descendirent de la montagne pour exécuter les figures de danse les plus gracieuses et les plus compliquées, et offrir chacune une plaque d'or portant l'emblème de la province représentée : pour la Provence, le myrte et l'oranger enlacés, le blé pour la Champagne, un vaisseau pour la Normandie, des gens de guerre pour la Guyenne, etc. Le peintre Jean Cousin avait inventé ces symboles.

Brantôme, qui était parmi les spectateurs, insiste dans son récit sur les merveilles du ballet des nymphes, qu'accompagnaient trente violons « sonnants quasi un air de guerre fort plaisant ». On vit ces belles jeunes femmes « marcher sous l'air de ces violons et … s'approcher et s'arrêter un peu devant Leurs Majestés, et puis après danser leur ballet si bizarrement inventé, et par tant de tours, contours et détours, d'entrelasseures et mélanges, affrontements et arrêts, qu'aucune dame jamais ne faillit de se trouver à son point ni à son rang … tant ces dames avaient le jugement solide et la retentive bonne, et s'étaient si bien apprises. »

D'Aubigné, décrivant le même spectacle, conçu pour donner aux envoyés de Pologne une grande idée de la cour de France, en parle dans ses *Histoires*, mais d'une autre façon : « Les Nymphes descendirent pour danser un ballet deux fois, premièrement masquées et puis sans masque ; et la plupart de la nuit fut passée au bal costumé. Les Polonais admirèrent les confusions bien démêlées, les chiffres bien formés du ballet, les musiques différentes, et dirent que le bal de France était chose impossible à contrefaire à tous les rois de la terre. J'eusse mieux aimé qu'ils eussent dit cela de nos armes. »

L'ode de Ronsard récitée à la fête des Tuileries en même temps qu'une autre d'Amadis Jamyn, dite par la nymphe d'Anjou, est un de ces poèmes où l'orgueil patriotique de l'écrivain s'étale avec une joyeuse abondance :

Je suis des Dieux la fille aînée
De cent lauriers environnée,
La bonne Nymphe des François,
Qui d'armes et d'hommes féconde
Ai toujours fait trembler le monde
Sous la puissance de mes lois…

Mlle de Surgères avait lu la première ces strophes dans sa chambre du Louvre, et comme on n'a aucun nom des filles d'honneur qui participèrent à la figuration, on peut penser que le poète confia à son amie le soin de réciter ses vers dans le rôle de la Nymphe de France. Elle brillait, du moins, dans les grands ballets de la cour, comme le montrent ces vers si colorés :

Le soir qu'Amour vous fit en la salle descendre
Pour danser d'artifice un beau ballet d'amour…
Le ballet fut divin qui se soulait reprendre,
Se rompre, se refaire, et tour dessus retour
Se mêler, s'écarter, se tourner à l'entour,
Contr'imitant le cours du fleuve de Méandre.

Hélène et Ronsard participaient à ces plaisirs incessamment renouvelés ; ce n'était pas pourtant la principale occupation de leur vie. Le poète, dans une période de grand travail et de composition active, donnait au public les derniers livres de ses *Poèmes* et les premiers de la *Franciade*. Il ne se doutait guère que, parmi ses œuvres d'alors, ce qui survivrait serait les sonnets et les chansons qu'il offrait à son amie.

L'un et l'autre quittèrent Paris après la mort de Charles IX. Hélène eut à suivre dans le midi la Reine-mère qui se rendait à la rencontre d'Henri III, revenant de Pologne par l'Italie. La cour entra à Lyon, avec le nouveau roi, le 16 septembre 1574, et descendit le Rhône jusqu'en Avignon. Après un séjour de trois mois dans la cité des papes, elle revint par la Bourgogne à Reims, où se firent le sacre et les noces du souverain, le 15 février 1575. Mlle de Surgères fut de tout le voyage.

Elle figure dans un récit de Marguerite de Valois sur le séjour à Lyon. C'est de Provence qu'elle fit parvenir à Ronsard des oranges et des citrons, gracieux envoi qu'il chante avec reconnaissance. Elle ne devait plus le revoir qu'à de longs intervalles, à cause des déplacements continuels de la cour.

Ronsard vieillissant se rattachait davantage à sa terre natale et à la libre nature tant aimée. Il y menait avec lui, en pensée, son dernier amour. Il y plantait en l'honneur d'Hélène le pin, « arbre de Cybèle », gravait son nom aux écorces, à la façon de Gallus, et lui dédiait une fontaine, comme à une divinité rustique de son pays. Le fidèle Jamyn en informait la jeune fille :

Les fontaines, les pins ne portent que ton nom.

Cette « fontaine Hélène, aussi célèbre que « Bellerie », on vient de la reconnaître dans un gracieux site du terroir de Vendôme, arrosé par le cours de la Cendrine. Il plaît d'y chercher l'écho des stances mélodieuses confiées par la rêverie du poète aux voix alternées des bergers de ce vallon :

Afin que ton honneur coule parmi la plaine
Avant qu'il monte au ciel engravé dans un pin,
Invoquant tous les Dieux et répandant du vin,
Je consacre à ton nom cette belle fontaine...

De telles fantaisies, dont on parlait à la cour, enchantaient Hélène. Dans la première ferveur de son remerciement, elle projeta de faire placer sur sa fontaine un petit monument de marbre qui eût éternisé l'union de ces rares amants. Des vers de Ronsard en auraient fourni l'inscription :

Le passant en été s'y puisse reposer,
Et assis dessus l'herbe à l'ombre composer
Mille chansons d'Hélène, et de moi se souvienne !

Cependant, l'éloignement faisait son œuvre. Nul

souvenir assez vif ne resserrait des liens distendus. À distance, le poète voyait mieux ce qu'avait eu d'artificiel une liaison où il avait tout donné et si peu reçu. Il sentait enfin que l'amour n'était plus de son âge : « J'ai honte de ma honte », disait-il :

> Il est temps de me taire
> Sans faire l'amoureux en un chef si grison…
> Les roses pour l'hiver ne sont plus de saison.

Pouvait-il même être assuré qu'on gardait intact, loin de lui, le trésor des souvenirs ? Ce doute s'imposait à sa vie « étrange et solitaire » et assombrissait ses promenades. Il ne le chassait qu'après en avoir rassasié sa tristesse :

> Je m'arrête et je dis : Se pourrait-il bien faire
> Qu'elle pensât, parlât ou se souvînt de moi !
> Encor que je me trompe, abusé du contraire,
> Pour me faire plaisir, Hélène, je le croi.

Son âme hautaine plaçait au moins dans l'avenir les certitudes dont elle avait soif. « Je sais, disait-il à Hélène,

> Qu'alors que le vieil âge
> Aura comme un sorcier changé votre visage,
> Et lors que vos cheveux deviendront argentés,
> Et que vos yeux d'Amour ne seront plus hantés,
> Que toujours vous aurez, si quelque soin vous touche,
> En l'esprit mes écrits, mon nom sur votre bouche.

C'est le même accent, la même fierté et aussi la même mélancolie que dans le grand sonnet sonnant sa gloire :

> Quand vous serez bien vieille, au soir, à la chandelle,
> Assise auprès du feu, dévidant et filant,
> Direz, chantant mes vers en vous émerveillant :
> « Ronsard me célébrait, du temps que j'étais belle… »

Pourquoi faut-il que la lassitude du cœur fasse oublieux et durs les êtres qui se sont aimés ? Hélène et

Ronsard ont vu pâlir l'auréole de leur légende, depuis qu'on sait la fin de leur liaison par une lettre du poète récemment retrouvée. La littérature, qui avait uni ces deux esprits, les mit un jour en conflit. Le recueil des *Sonnets pour Hélène*, paru en 1578, fut repris par Ronsard six ans plus tard, pour une édition dernière de ses œuvres. Suivant ses habitudes et son droit d'écrivain, il y adjoignait maintes pièces écrites sous la même inspiration et d'abord laissées aux *Amours diverses*. Quelques détails s'y trouvaient précisés d'une façon qui inquiéta Hélène sur l'opinion qu'on pouvait prendre d'elle ; plus platonicienne que jamais, et soucieuse de ne pas donner prise à la médisance, elle craignit des expressions trop vives et son soupirant ; elle émit la prétention d'intervenir dans le nouveau classement et de disposer des pages de leur histoire commune.

Au fond de sa province, Ronsard l'apprit avec colère. À Scévole de Sainte-Marthe, qui surveillait l'impression à Paris, il répondit que Mlle de Surgères n'y entendait rien et que la composition de ses recueils ne regardait que l'auteur. La lettre, écrite de son prieuré de Croixval, est d'un ton sans réplique :

« C'est un grand malheur de servir une maîtresse qui n'a jugement ni raison en notre poésie, qui ne sait pas que les poètes, principalement en petits et menus fatras, comme élégies, épigrammes et sonnets, ne gardent ni ordre ni temps. C'est affaire aux historiographes qui écrivent tout de fil en aiguille. Je vous supplie, Monsieur, ne vouloir croire en cela Mademoiselle de Surgères, et n'ajouter ni diminuer rien de mes sonnets, s'il vous plaît. Si elle les trouve bons, qu'elle les laisse, je n'ai la tête rompue d'autres choses. On dit que le roi vient à Blois et à Tours, et pour cela, je m'enfuis à Paris et y serai en bref, car je hais la cour comme la mort. »

Cette âpreté atteint un autre de leurs souvenirs, cette fontaine que de nobles poèmes consacraient à Hélène et qu'elle rêva ornée par ses soins :

« Si elle veut faire quelque bassin de marbre sur la fontaine, elle le pourra faire, mais ce sont délibérations de femmes, qui ne durent qu'un jour, qui de leur nature sont si avares qu'elles ne voudraient dépendre (dépenser) un écu pour un beau fait. Faites-lui voir cette lettre, si vous le trouvez bon... »

Voilà un Ronsard misogyne qui n'apparaissait guère dans les *Amours*. N'est-il pas dommage que cette méchante humeur contre les femmes lui vienne de celle qu'il a le mieux parée dans notre mémoire ?

Elle ne lui en tint pas rigueur. Elle n'ignorait pas cette âme fantasque et fière, aisément blessée et qui s'aigrissait de voir approcher la vieillesse. Le poète revint à des sentiments plus affectueux. Peu de temps avant sa mort, il lui demandait d'user de son crédit pour la pension qu'il recevait du Roi. Par une lettre aujourd'hui perdue, il priait son ami Galland « de présenter ses humbles baisemains à Mlle de Surgères, et même de la supplier d'employer sa faveur envers le trésorier régnant pour le faire payer de quelque année de pension. » Et le vieil écrivain qui nous conserve ce texte se plaît à croire qu'elle assistait volontiers son ami de ses démarches, « en récompense de tant de beaux vers qu'il avait faits pour elle et par lesquels il avait immortalisé son nom ».

Épilogue

Quand on visite, en Vendômois ou en Touraine, les lieux champêtres où Ronsard voulut finir sa vie, on évoque aisément dans ce décor de nature les années de l'apaisement et de la sagesse.

À Saint-Côme-lez-Tours, qui réunit maintes fois les lettrés pour les fêtes du centenaire, la chambre où le poète est mort regarde vers le fleuve aux douces collines. Elle donnait sur le jardin du prieuré, semblable à tous ceux qui firent son plaisir :

J'aime fort les jardins qui sentent le sauvage…

Il y cheminait souvent un livre à la main, parmi ses fleurs préférées, au chant des oiseaux de sa jeunesse. Quels moments du passé, en son dernier automne, se présentaient à cette imagination chargée de souvenirs fiers et charmants ? Les images de l'amour le cédaient-elles à celle de la gloire ? Toutes s'effaçaient-elles devant les tableaux de la mort, que l'épreuve de la maladie lui annonçait et qu'il attendait d'un cœur ferme, ayant réservé au Christ de miséricorde ses vers suprêmes et l'offrande très humble de ses souffrances ? Que reste-t-il de sa chair troublée, à ces heures de grâce qui lui accordent de se recueillir dans la solitude ? Quels regards l'appellent encore, de tous ceux où il lut la tendresse, l'indifférence ou la passion ?

O chers yeux, qui m'étiez si cruels et si doux !

Il songe dans les allées de buis, où les fleurs n'ont plus de parfum. Les roses d'autrefois étaient si belles ! Il revoit l'enfant délicieuse du château de Blois, chantant devant le Roi l'air dont il s'est souvenu toute sa vie, et l'autre adolescente qui filait sa quenouille au pays d'Anjou et qui mérita d'être pleurée. Il se retrouve dans Paris, au préau discret de dame Genèvre, à Fontainebleau, entouré des filles d'honneur de la Reine ou courtisant de grandes dames folles de fêtes, de musiques et de galanterie ? Où va-t-il encore, s'essoufflant à gravir l'escalier du Louvre ? Là-haut est la chambre d'Hélène...

Et le mol zéphyr de Loire pousse jusqu'au paisible enclos l'écho des chansons ardentes, des poèmes faits pour être aimés.

Mais sans doute prêtons-nous au vieux poète une rêverie qu'il n'eut point. Ces visages de femmes, leurs noms qui vont nous être chers, les saurait-il encore s'il ne les avait mis dans ses livres ? Le cœur, presque autant que les sens, est oublieux. Elles n'ont guère plus de réalité pour lui que Néère, Cynthie ou Laure, qui lui firent pareillement compagnie au cours de sa vie. Poésie et vérité se confondent dans sa mémoire, qui lui garde seulement les traverses de sa carrière et le magnifique labeur de sa pensée.

Ronsard meurt guéri du mal que tant de fois il crut sans remède. S'il en prononce encore le nom, il ne se rappelle ni ses illusions, ni ses tourments, car le temps peut tout effacer, même le souvenir de l'amour.

Sonnet pour Hélène

Lorsque Ronsard vieilli vit pâlir son flambeau
Et connut le néant des gloires passagères,
Il voulut échapper aux amours mensongères
Et d'une chaste fleur couronner son tombeau.

Faisant don de sa muse et de son cœur nouveau
À la jeune vertu d'Hélène de Surgères,
Il confia ce nom à des rimes légères
Et son dernier amour ne fut pas le moins beau.

Ils se plaisaient ensemble à fuir les Tuileries
Et devisaient d'Amour sur les routes fleuries,
D'Amour, honneur des noms qu'il sauve de périr.

Le poète songeait, triste qu'elle fût belle,
Alors qu'il était vieux et qu'il allait mourir ;
Mais elle, souriait, se sachant immortelle.